THE GIFTED BOSS

HOW TO FIND, CREATE AND KEEP GREAT EMPLOYEES

職場は楽しいかね？

新版 仕事は楽しいかね？2

DALE DAUTEN
デイル・ドーテン
野津智子 訳

英治出版

THE GIFTED BOSS

How To Find, Create and Keep Great Employees

(Revised Edition)

by

DALE DAUTEN

私の基準と志気を高めてくれた3人の友人に捧げる
ジム・フィッケス、リチャード・グディング、ロジャー・アクスフォードに

したいことをしてこそ、人は成功する。
それ以外に成功する道はない。

――マルコム・フォーブズ

才能には2種類ある。
みずから高めてゆく才能と、天与の才能だ。
前者については、懸命に努力しなければならない。
後者に関しては、時折それに手を加えるだけでいい。

――パール・ベイリー

新版に寄せて

古い友人に本書の旧版をプレゼントしたところ、友人は手に持って重さを調べ、横向きにし、それから尋ねた。「これで、1冊？」（なんて友人だ）。未来の気の利いた感想を期待して、私はこう答えることにした。「2回読むべき本なのさ」

まあ、ふたを開けてみれば、本が軽いことについて文句を言う人はいなかった。文句どころか、簡潔によくまとまっていると褒め言葉をもらうことがたびたびあった。もっとうれしいことには、多くの人が2回読んだと言ってくれたし、3回以上読んだという声も届いた。知人の経営幹部から大きな昇進を果たしたとの電話をもらったときには、どれほどうれしく思ったことだろう。私が祝いの言葉を伝えると、彼はこう答えたのだ。「昇進した日の晩、家に帰って、8回目を読んだよ」

新版の準備に取りかかったときも、その言葉が頭から離れなかった。実は、もしかしたら追加するかもしれないと思い、新たな実例と調査研究を一覧にしてあった……。だが、私は自問した。厚く重くなった新版を、読者は8回も読むだろうか、と。最終的に、私はシンプルさを優先することにした。これはあくまで、聡明な老人と若いマネジャーのストーリーであり、そんな2人の会話のなかで時代を超えたリーダーシップのストーリーが展開される、そういう本なのだ。

本書がほかと違うところであり、人々が読み続けてくれる理由でもあるのは何か。それは、本書が部下の管理の「ヒント集」ではなく、優れた人材同士の同盟——最高の上司と最高の部下が互いのキャリアを輝かせ合う関係——を、聡明なリーダーがどのように築くかを示している点だ。読めば、あなたもわかる。ほんものの上司と並の上司を詳しく検討し、両者がどのように違うかを突きとめよう。これから見ていくとおり、ほんものの上司の日常と並の上司の日常は、まったく異なるのだ。

私は、実例を追加してほんものの上司の話を満載するのはやめて、短い節を2つ、新たに加えることにした。一つは、ほんものの上司を目指して好スタートを切るための行動リスト、もう一つは、経営チームのためのディスカッションガイドである。

どちらの節も、土台になっているのは、本書で紹介する原則について私が講演やセミナーの際に述べてきたことだ。もしかすると、いつか会議か何かであなたにお会いするかもしれない。それまでは、www.dauten.com 掲載の情報を手がかりに、リーダーシップについて学んでいただけたら幸いである。

職場は楽しいかね？——もくじ

本書は2002年に発行された
『仕事は楽しいかね？2』（きこ書房）の復刊・新版である。
2011年に出版された原書の改訂版に基づき、
本書の内容にも改訂を加えた。

プロローグ

使い古された決まり文句のように、多くの人が繰り返す。「年をとって人生を振り返ったときに、いったいだれが『仕事にもっとたくさんの時間を費やせばよかった』などと言うだろう」。ほう。そいつは結構。だが、それとわかったところで、どうすればいいのか。人生を振り返るとき、人はいったい何にもっと時間を費やせばよかったと思うのだろう。

この小さな疑問が、やがて私の人生を変えることになる。探しうる限りの、経験と知恵を兼ね備えた人生の先達に会い、これまで歩んできた道を振り返ってほしいと頼んでみたが、すぐに重大なことに気がついた。老いた人たちに後悔について語ってもらうのは不可能だ、ということに。英知に富む話を聞かせてもらえるが、そこには必ず受容がある。聡明《そうめい》な人々は、すべて自分の責任だとし、そのうえで、自分を許すのである。人生を省察することとは、積み重なった愚かさを1層ずつ剥がしていくことだ。もしかしたら最も優れた英知とは、「私は愚かだった！」と言って笑うことなのかもしれない。

その発見が、この物語の出発点である。私はいまようやく、これまでの仕事人生において、自分はなんと愚かだったのかと笑う自由を得たのだから。

第1章

ほんものの上司に出会ったことはあるかね？

人生の先達に投げかけた疑問についてさらに考えるために、私はついにマックス・エルモアに電話をかけることにした。彼は最後に頼るべき切り札だった。年配の、ちょっと変わった、しかし英知に満ちた人である。

彼とはオヘア空港で初めて出会った。時ならぬ5月の吹雪のせいで空港に足止めされていたときのことだ。当時の私は未熟な会社人間で、やる気を失い、抑圧感と挫折感にさいなまれていた――あの夜はそうした思いがいっそう強くなっていた。苛立《いらだ》ちをつのらせる何千という旅行者と同様、壁にもたれて座りこみ、かばんを枕に仮眠をとろうとしていたせいだろう。

私は体を休めることができないまま、格子縞のズボンをはいた老人が眠れずにいる子どもたちと遊んでやっているのを、仏頂面《ぶっちょうづら》で眺めていた。子どもたちが遊び疲れてしまうと、老人が私のそばに来て隣に腰を下ろした。問われるままに私は自分の生活について不機嫌そうに答え、フラストレーションをぶちまけた。老人は私を不平不満の塊にしておこうとはせず、巧みに諭し、教えを授け、ついには私の人生を変えてしまった――文字どおり、たった一晩で。

数時間にわたる会話の中で、よりよくなるためにはまず変化が必要だ、と彼は語った。まぐれや偶然といった創造の天使の贈り物を楽しむ方法も教えてくれた。その夜、私は「試してみることに失敗はない」という金言を、新たに知った。それから数週間のうちに私は革新的な人間として社内で認められ、新規プロジェクトに引っ張りだこになり、トントン拍子で昇進していった。だが、実はマックスに出会った夜以降に手にした成功こそが、いま直面している難題――思う以上に出世してしまったという難題を引き起こしていたのである。

マックスなら、人生の先達の話をどう理解すればいいか、きっと手助けしてくれるに違いないと、私はついに電話をかけた。受話器の向こうに彼の声が聞こえて、私は言った。

「話を聞けば聞くほどわからなくなってしまったんです」

マックスが尋ねる。

「それで、聡明な人々と話をして、きみはどんなことをもっとしなければと思うんだね？」

「本当の意味で生きること、しっかりとした経験を重ねることです」

「いい答えだ。では、そうした経験の中で特に大切な要素はなんだろう」

「自分のまわりにいる人たちです」

「そのとおり。大切なのは単に経験を積むことではなく、ほかの人たちと一緒に経験すること だ。E・M・フォースターの小説、『ハワーズ・エンド』に出てくる言葉を覚えているかい？ 『結びつきを考えよ』ってね。簡潔な言葉で表された人生哲学だよ」

その言葉は大切な真理として深く胸に響いた。しかし私はすでに、いくつもの重要な現実の問題に忙殺されている。私はマックスに言った。

「人生について考えると、いつも堂堂巡りをしてしまいます。私は人生の大部分を仕事に費やしているので、多くの時間をかけて考えるのも仕事のことなのですが」

私は言葉を切った。次に言おうとしていることは、よく考えるべき大胆な計画だという自覚があった。胸にある迷いが声に表れないようにしなければ。

「会社を辞めて、コンサルタントになったほうがいいかもしれないと思うんです。そして、家族と過ごす時間をもっと持つべきではないかと」

沈黙があった。マックスに賛成してもらえたとして、私は得意になるのか、それとも物足りなさを覚えるのか、自分でもよくわからなかった。私の仕事はみながうらやましがるほどのものだ。同僚はみなまじめ。給料も待遇も悪くない。それでも、会社に行きたくないと思う朝がある。月曜の朝をわくわくして迎えるべきだと、会社が「月曜日ばんざいキャンペーン」なるものを始めたときには、私は口をへの字に曲げて黙り込むしかなかった。

やがてマックスが口を開いた。

「そういえば、フットボールのコーチだったジョン・マッデンが、テレビのアナウンサーになろうと思った経緯《いきさつ》について、こんな話をしてたな。コーチを辞めてまもなくのことだった。たしかこう言ってた。『私は、家族と過ごす時間を増やしたいと思ってコーチを辞めた。でもしばらくして、家族のほうは、私と過ごす時間をもっと持ちたいなどとは思っていないことに気づいた。だからまた仕事をすることにしたんだ』」

彼は笑って言った。

「仕事を辞めたあとのきみの姿が目に浮かぶよ。1年もしたら、奥さんも子どもたちも、きみに見つからないようにこそこそ逃げまわるのさ」。そして子どもの口調を真似て高い声を出す。「しーっ、隠れて。またパパがこっちへ来る。あたしたちと一緒の時間を過ごそうとして」

2人して声をあげて笑った。マックスは、私の家族が昔からしっかりした絆《きずな》で結ばれているることをよく知っている。いまにして思えば、「どうやら疲れきって出口を探しているらしい」と、彼は察してくれていたのかもしれない。ため息まじりに私は言った。

「でもこれで、ますますわからなくなってしまいましたよ」

マックスが声をやわらげた。

「きみの求める答えは『仕事をしない』じゃないと思う。必要なのは、人と人との『結びつき』を仕事に取り入れることなんだ」

「最高の仕事は人間同士の結びつきから生まれるものだ。なのに僕たちはそういう性質を仕事から取り去ってしまった。古くさい命令系統は崩れつつあると思ったが、多くはそう見えるだけ。チームだのコーチだのと言っても、ほとんどは委員会や管理職が呼び名を変えただけだ」

いま勤めている会社に関しては、彼の言うとおりだった。私は会社勤めをやめ、自分でちょっとした事業を興し、その事業を大きな会社に譲った。そしてチームリーダー、つまり小さな部署の責任者になった。部署で働く部下も、数十人抱えた。

「それで」とマックスが言った。「きみは本当の意味で上司と結びついているかね？」

「まあ、一応」

答えたものの、歯切れが悪いことは自分でもわかっていた。上司たちは頭も切れるし仕事熱心だが、私は１日の半分を彼らのお役所主義につきあうことに費やしている気がした。

「彼らのことが好きかね？」

「そうとは言えないでしょうね」

「彼らのようになりたいかね？」

「いいえ」

「きみのもとで働く部下についてはどうだろう。結びつきを考えているかね？」

「彼らのことは気にかけていますよ」

「それじゃあ十分とは言えないな。『気にかける』という言葉はクジラの保護にだって使う。『結びつく』のとは違うよ」

私は少し自己弁護に走った。これでも一部署に身を捧げるいい上司のつもりなのだから。いくつか反論をぶつけてみたが、マックスにかかっては自分で自分の首をしめる結果に終わっただけだった。

こうして私は撃沈され、マックスとの短い、しかし仕事上の人間関係に対する私の見方を完全に覆す会話が始まった。

「ほんものの上司に出会ったことはあるかね？」

マックスがそう尋ねた。「会うのが楽しみで、きみを高いレベルに引き上げてくれる人、という意味だけど」

私は即答せず、ある人を思い浮かべて考えてみる。マックスが先を続けた。

「ポルシェ社の元ＣＥＯ、ピーター・シュッツが、いま話しているような人間関係のことをこう表現したことがある。『その人と一緒にいるときの自分がいちばん好きだ』とね」

それを聞いて答えがわかった。そんな上司に会ったことは一度もない。マックスは次に、私自身の部下の管理方法について聞いてきた。

「部下にとっての私は、もっぱら『問題を解決してくれる人』でしょう」。私は悩みを打ち明けた。「列をなして待つ部下たちの相手をするだけで、１日が終わってしまいます。彼らは、困ったことになったとか、へまをしてしまったと言って、途切れることなくやってくるんですから」

私は部下たちの力になってやるうちに、本当の仕事、つまり好きで得意な自分の仕事を放り出してしまった。そして組織のための配管工として、水漏れしている企画や流れの悪い処理過程《パイプライン》に対応する日々を送っていた。

私の愚痴を聞き終わるや否や、マックスが笑い出した。「なんです？」と聞くと、彼はおかしそうに答えた。

「いいかい、
きみは自分の部署の神になろうとしているんだ。
そりゃあ大変だろうさ、神様になるなんて」

それから彼は私のもとで働く人々の中にほんものの部下はいるか、と聞いた。彼の言うほんものの部下とは、管理される必要がなく、上司にいい仕事をさせ、部署全体をより高いレベルに引き上げる部下だという。少しばかり部下を裏切るような気がしたが、いない、と答えるしかなかった。それから私たちは、ほんものと呼べる人材についての話に移っていった……。

「ところで、採用についてのきみの方針を聞かせてくれ」。マックスが言った。

そんなのありません、と言うほかなかった。ただ、自分は優秀な管理者で、人事部が適任だとしてまわしてくる人間に優れた成績をあげさせられる、と信じるのみだ。

しばらく話したあと、マックスは思いもかけない表現で私の採用方法を要約した。

「つまり、こういうことだな。きみは人事部がよこす候補者の中から選んで採用する。だけど人事部というのは、求人広告を出すのであれ一方的に送られてくるのであれ、集まった履歴書をデータベースか何かに放り込んでいるんだよ。大学のバスケットチームのコーチなら、そういう人間のことを『ウォークオン』と呼ぶ——リクルートされず、トライアウトを受ける選手のことをね。ともかく、きみときみの『ウォークオン』の寄せ集めチームは、優秀な人材を世界中から探し集めたチームと試合をしているわけだ」

私としては、なんとお粗末な戦略かと言われている気がしてならなかった。それで、人脈を使うこともある、と言い添えた。実際、業界団体で知り合った女性を雇ったことがあった。

「なるほど」。マックスがうなずいた。「じゃあ、優れた人材に魅力を感じてもらうために、きみは何をしている？」

「うちの会社は他社に負けない給料と手当てを出しますし、職場環境も整っています」

とたんにマックスは語気も荒々しく言った。

「ダメだダメだ、そんなのじゃ！」

あまりの大声に、私は思わず受話器を耳から離してしまった。

「自分の言葉がわかっているのかい？　いま言ったことをよく考えてごらん。きみは実に危ない表現をした。

『他社に負けない給料』というのは、『ふつうで、平均的で、ほかのみんなと同じくらい』ということだ。

『職場環境が整っている』も同じだよ。それは職場として典型的という意味で、言い換えるなら一般的で標準的ということだ。結果としてきみは、平均的な環境で平均的な報酬を提供するのが自分のやり方だ、と宣言したことになる。言うなれば、自分の凡人ぶりを世間に示しているわけだ」

屁理屈に聞こえなくもなかったが、彼の言葉が正しいのはたしかだった。

「きみに必要なのは『最強の逸材』、つまり独創的な考え方をする人、独立独歩のできる人だ。同僚はもちろん上司のことも向上させる人。新たな行動規範を打ち立てる人。そういう人は『ウォークオン』ではあり得ない。仕事を探すこともめったにない。そういう人材を手放すのは間抜けな上司だけだ。まあ、そういう間抜けがいてくれるのは、ありがたいけどね。でも多くの場合、きみのほうからそういう『最強の逸材』のいるところへ出向いて、自分のもとへ来てくれるよう説得しなくてはいけない。しかし非凡な人間は凡庸な文句で口説き落とせるものじゃない。

僕が使っている口説き文句を教えてあげよう。採用のための方針だと思ってくれ。

それはね、

最高の人が働くにふさわしい最高の場所

だよ」

たしかにその言葉には説得力があったたし、もしそうなったらうちの職場環境のほぼすべてがどう変わるかも容易に想像がついた。しかしその言葉を私の職場に当てはめることはできない——予算カットのお目付け役がたえず目を光らせているような職場には。私は言った。

「最高と言える人材を雇う余裕があればいいんですが。まして、『最強の逸材』と言えるような優れた人間となると、とても」

「本当の意味で優れた人材が何を求めているかを把握してしまえば、彼らを雇うのに多額のお金なんて必要ないことがわかると思うよ。それどころか、僕の経験では、ぜひほしいと思う人材は掘り出し物的に手に入るものなんだ」

そう言ってマックスは言葉を切ったが、私は黙ったままだった。掘り出し物かどうかはさておき、そんな魅力的な人材が本当にいるのだろうか。

マックスの声がして、私は胸にうれしさがこみ上げるのを感じた。

「黙っていることで、かえってきみの気持ちがよくわかるよ。どうやらいろいろ話をする必要があるみたいだね」

それから彼は、踊り出したくなるような提案をしてくれた。

「ほんものの部下にふさわしいほんものの上司になる方法を知りたいなら、ついでにほんものの上司にふさわしいほんものの部下になる方法も知りたいなら、直接会って話をしないと。丸1日かかるよ。24時間。いつがいいかな――」。カレンダーをめくる音。「うん、この日がいい。見せたいものもあるしね。1週間後にフェニックスで、どうだい？」

こうして私はアリゾナへ飛び、風変わりなビジネスの天才、マックス・エルモアに再会することになった。

第2章

優れた上司は、常に自由のために戦っている。

マックスが指定した待ち合わせ場所は、スカイハーバー空港のいちばん古いターミナルにある、空へ舞い上がる不死鳥《フェニックス》像の下だった。

彼を見つけるのは造作もない。飛行機が遅れたために急ぎ足で通路を歩いていくと、100メートルほど向こうに例の格子縞のズボンが見えた。さらに近づくと、きれいに後ろへとかしつけられた白髪まじりの髪とループタイをはっきり目にできた——黒いひもに、トルコ石か何かのついた銀の留め金のループタイ。マックスらしく、通りすがりの人たちに面白おかしく話をしている。近くまで行くと、本のタイトルを思い出そうとしてマックスが悪態をつくのが聞こえた。

「僕には写真みたいに正確な記憶力があるんだが……残念ながら、記憶の即日プリントサービスはもうおしまいみたいだ」

だれより大きな声で笑ってる。それがマックスという人だった。70歳を超え、沈黙には

成功をもたらす力があると知りつつ、ボリューム全開で生きている人。

私に気づくと、マックスはやあやあと言って私を抱きしめ、背中をバンバンたたきながら、とてつもなく大きな声で歓迎してくれた。それから頭上を指差して聞いた。

「きみときみのキャリアに敬意を表して作られたこの像は気に入ったかね？」

巨大な、ごてごてした感じのフェニックスだった。灰の中から飛び立つところなのは、言うまでもない。

荷物を受け取ると、私はマックスに従って、レンタルしたシボレー・マリブを止めておいたという場所に向かった。黄色い斜線の引かれた、トラックが荷物を積み降ろしするためのスペースだった。トランクが開けっ放しになっていたが、マックスの説明によると、そうしておくと空港の警備係は許可を受けた車だと判断するらしい。

マックスが言った。

「僕は友人の家に泊めてもらっているから、きみも一緒に来るといい。友人夫婦はニューヨークへ行って留守だから、貸し切り状態だよ」

その家は、サウス・マウンテンの南、サンタフェ様式の家々が岩山を背にして連なる通りにあった。ピンク色の漆喰壁《しっくいかべ》の、古いが構えの大きな家の私道に、マックスが車を入れる。家の中に入ると、床はスペイン風のタイル張りで、壁には鮮やかな色が大胆に塗られていた。

10月の、実に気持ちのいい日だった——暖かな日差しがふりそそぎ、涼やかなそよ風が吹いている。裏のパティオで、マックスが、チョコレート色をした錬鉄製の椅子《いす》を勧めてくれた。低い塀の向こうに、荒涼とした大地が傾斜をつけながら岩山のほうまで広がっている。ニョキニョキと腕を生やした背の高い無数のハシラサボテンと、時間《とき》が止まったかのような静けさと。いまにも、ジェロニモが馬にまたがり、一族のネイティブアメリカンを率いてこの大地を駆け抜けていきそうな気がする。

プシュッという缶を開ける音で私は我に返った。ペプシを差し出してマックスが言う。

「今日の午後、人に会うことになっている」。そして私の向かい側に腰を下ろして話し始めた。「だけどその前に、目標を確認しよう。僕はきみの上司たちを、きみに夢中にさせたい。夜も眠れないほど、きみが部下であることを神に感謝し、と同時に他社へ移りはしないか気が気でないと思わせたい。きみをもっと喜ばせるにはどうすればいいか、あれこれ考えさせたい。ここまで、異存はないかね？」

無論、言うことなしの目標だと思ったが、そんなこと無理です、私の職場では起こり得ないですよ、という言葉がのどまで出かかった。彼はさらに言った。

「ただ、きみは組織の中間層にいる人間だから、ほんものの部下になりたいと思うのはもちろんだが、ほんものの上司になる必要もある。きみの部署を『人を惹《ひ》きつける職場』に変える方法を教えてあげよう。本当に優れた人材、つまり『最強の逸材』が、きみの仕事場の噂《うわさ》を聞いて、なんとかしてそこで働きたいと夢見るようにしたいんだ。どうだね？」

私には笑って皮肉を言うことしかできなかった。

「なるほど。上司は私が部下でよかったと神に感謝し、まんじりともしない。いい部下になりそうな人材は私のもとで働くことを夢に見る。つまりみなさん寝床の中ってわけですか」

マックスが椅子から身を乗り出して私の肩をつかんだ。

「きみが小生意気な奴だということを忘れていたよ。だから気に入ったのはたしかだが」

それから彼は、ほんものの上司やほんものの部下とはどういう人物か、そこから話を始めよう、と言った。

そして、その日最初の、目から鱗《うろこ》の落ちるような話が始まった……。

「はっきりしているのは、ほんものの上司とほんものの部下は、同じものを職場に求めている、ということだ」

マックスは、どこに持っていたのか革製のファイルを開き、1枚の紙を取り出した。

「レジュメを用意した」と言う。まるで、英知に満ちた老人が途方に暮れている会社人間のためにそうするのは当たり前、というように。

それがレジュメの1枚目で、そこにはこう記されていた。

1. 職場において、能力の『シナジー効果』を実現することは可能である。
ほんものの上司とほんものの部下が職場に求めるものは同じだからだ。
- 自由——管理・凡庸・愚か者からの解放
- 変化
- チャンス

このリストには面食らった。いきなり、「能力のシナジー効果を実現させる」とは。しかし私があれこれ尋ねるより早く、マックスが説明を始めた。

「心底『優れている』と思える上司について、いろんな人に話を聞き始めてすぐにわかったことだけど、有能な人々の多く、おそらく3人に1人は、ほんものだと思える上司に出会ったことがない。そういう上司を2人以上知っている人となると、ほとんどいないね。ほんものの上司に出会ったことがあるという人には、そういう上司は並の上司とどこが違うのか、と聞いてみた。彼らの多くが真っ先に、しかもいちばん熱心に語ったのは、どれだけ自由だったかということだった。

- 私を信頼してくれた。
- みんなを管理主義から解放してくれた。
- 干渉しなかったし、だれにも干渉させなかった。

そこで今度は優れた上司たちに、いい部下とはどんな部下かと聞いてみた。いちばんに返ってくる答えは、部下たちの答えとまったく同じだった。つまり、どれほど自由かということだった。

上司のほうは、部下を監視する義務、すなわち管理したり命令したりする義務から解放されている。

- 何をしなければならないか、私より彼女のほうがよくわかっていた。求めるべきものを、彼女のほうが教えてくれた。
- 彼のすることにはなんの心配もいらない。私よりいい仕事をしてくれるのだから。

つまり、ほんものの上司と部下は、互いを管理の苦痛から解放しているわけだ。すべてを把握し、何から何まで支配するなんていう役割は放棄してね。彼らが手を取り合えば、指示を与え、監督し、チェックするなどという管理機能はまるで意味を持たなくなる」

「指図ではなく信頼するんだ。信頼に書類は必要ない」

マックスは言葉を切り、質問は？　と言うように眉をぴくぴく動かした。

「理解はできますよ」と私は言った。「でも、管理する必要のない部下なんて想像もできません。私がいまいちばん困っているのは、自分の本来の仕事ができないことです。部下の手助けをするだけで、1日が終わってしまうんですから」

マックスがうなずいた。

「そこが管理の根本的な問題なんだ。数字を使って考えてみよう」

彼は大判のメモ用紙を取り出し、大きく「10」と書いた。

「ある社員が働く時間数だ。1日10時間。当然、彼は手助けがほしいと思うだろう。そこで上司に頼んでアシスタントを雇う。そうして彼も人を管理する立場になる。労働時間は

1日8時間に軽減される。新人アシスタントと同じ時間だ」
マックスはこう書いた。

管理者	10－2＝8
アシスタント	8

「彼がそのアシスタントを教育し、仕事をフォローし、管理するために1日2時間を費やすとしよう。もちろんアシスタントも同じ2時間という時間を、管理されるために使うことになる」

紙の上の数字が変わった。

管理者	10－2＝8	後に	8－2＝6
アシスタント	8－2＝6		

「最終的に出てきた数字を足すと何時間になる？　12時間だ。次に、最初は何時間だったか

見てみてくれ。10時間だよ。つまり会社側からすると、社員の勤務時間が1日10時間から12時間に増えただけで、コストがほぼ2倍になってしまったわけだ。管理職を増やしたくないと会社が思うのも無理はない。だが、管理職が自分のためにアシスタントを雇いたがるのも無理はない。こうして必然的に、組織の中に緊張状態が生まれてしまう」

マックスが身を乗り出し、熱っぽく語った。

「もしその管理職の人間が、管理にさらに1時間、おしゃべりに30分使ったらどうなるだろう。実際、新しい部下を雇うと、仕事をする時間が減ってしまうものなんだ。だから――」。彼の手が私のひざをがしっとつかんだ。

「優れた上司は、常に自由のために戦っている」

椅子に座り直してマックスは話を続けた。

「だがその戦いに勝てば、戦利品として、優れた上司と部下が手を取り合い、『能力のシナジー効果を実現させる』チャンスが生まれる。上司も部下も、いまいましい管理の関係から解放される。それどころか互いによい刺激を与え合うんだ。完璧な協力態勢だよ。優れた部下を持ったとたん、きみはもっと仕事をはかどらせるにはどうしたらいいか、次から次へとアイデアが浮かぶようになる。やがてきみもきみの部下も、自分一人だったときより素晴らしい力を発揮できるようになる」

私はうなずいてマックスの熱弁に調子を合わせようとしたが、心の中にはさまざまな疑問が渦巻いていた。そんな気持ちを察して、マックスは言った。

「きみの部署に、5人の部下がいるとしよう。成績のいちばん悪い部下には辞めてもらい、代わりにきわめて仕事が速く創造力のある人を採用する。自分自身がてきぱき仕事をこなせるだけでなく、ほかの人のレベルも上げてくれる人、効果的な仕事のやり方を心得ている人だ。そんな優れた部下が一人いるだけで、部署全体の生産性は2倍になるだろう」

そして最後に、ドキリとするような厳しいことを言った。

「ただし、いいかい？　そのためにはまずきみが、本当に優れた上司にならなければいけない。優秀な人間を受け容れ、やる気にさせられる、ほんものの上司にならなければ」

第3章

優秀な管理職の基本的な仕事は、
管理することじゃない。

マックスは椅子の背にもたれてそよ風に吹かれ、トカゲが塀づたいに追いかけっこしているのに目をやった。それから強い調子で再び話を始めた。

「優秀な管理職の基本的な仕事は、管理することじゃない」

マックスが私をじっと見る。

「ではどんな仕事か、わかるかい？　優れた上司の仕事は、魅力的な職場環境をつくることだ。いい部下を――つまり、管理する必要のない部下、同僚ばかりか上司さえも向上させる、そんな部下を惹きつける環境をつくることなんだ。どうだい？」

そんな超人的な部下がいるとはやっぱり信じられなかったが、「きっと理想的な職場になるでしょうね」と私は答えた。

「本心では信じてないだろう？」

マックスは椅子の背にもたれたまま、疑わしげな視線を投げてよこした。やっぱり、見抜かれたか。

「きみが信じないのは、『最強の逸材』を見かけることがめったにないからだ。彼らは職を求めて歩きまわったりしないからね。彼らに出会うには、いると信じること。妖精と同じさ」

自分で言った言葉にすっかりご満悦で、マックスは例の体の底からわき起こるような大声で笑ったが、笑いすぎてとうとう咳き込み出してしまった。ようやく咳がおさまると、「並の上司とほんものの上司との違いだ」と言って、リストを差し出した。そこには、優れた上司の特徴が並んでいた。

「部下についても同じことが言えると、じきにわかると思うよ。上司にも部下にもいろんなスキルが必要なんだ。そこにはたいていIQ（知能指数）、EQ（感情指数）、AQ（逆境指数）、つまり就職するときに僕たちが引きずっていく3点セットが含まれている」。そして独りごとのように言った。「いや、僕たちのほうが引きずられているのかも」

　余計な考えを追い払うように頭を振って、彼は先を続けた。

「本題に戻ろう。そこには、優れた上司の特徴と思われる資質を書き出してある。それらの半分でも自分のものにしようと思ったら並外れたエネルギーがないとだめだし、先見の明かカリスマ性、もしくはその両方を持った人だと感じさせる何かも備わっていなければならない。それがあってこそ、ほんものの上司なんだ。部下にも当てはまるかと聞くなら、答えるまでもないね」

　そして、リストについて説明し始めた。1番目の項目は、私に対する嫌味かと思うような内容だった。

並の上司　他社に負けない給料や待遇を示して、「うちで働かないか」と誘いをかける。

優れた上司　「きみの能力を存分に発揮するチャンスのある、素晴らしい環境で働かないか」と誘いをかける。部下になってくれた人たちは、だれもがほしがる人材なので、彼らを惹きつけて離さない職場をつくろうとする。

「多くの企業が他社を真似る」

マックスは、私たちがオヘア空港で初めて出会ったあの晩にもした話を繰り返した。

「できたばかりの小さな会社も、業界の巨大企業の真似をする。これでは、どこの職場も似たり寄ったりになってしまう。そして、きみのところと同じような雇用戦略をとっている会社は——」。長い間をおいて、もったいぶった表情と口調をつくる。『他社に負けない』給料や待遇だと言って、うちは平均どころの会社です、という旗を掲げているんだ」

彼は身を乗りだし、ことさら強調するように言った。

「管理職はみな鏡を見て、そこに映った自分をリーダーだと思うかもしれない。でも、映っているのはたいてい、エンボス(浮き出し)加工された名刺を持つ、ただの会社人間だ」

その瞬間、私は、自分の名刺をきわめて自慢に思っていることを自覚した。なにしろうちの会社では、偉くなると高価な名刺を作ってもらえるのだ――エンボス加工が入るばかりか、カラー刷りになる。マックスが話を続けた。

「ほんものの上司はまず、みんなに働きたいと思ってもらえる場を思い描き、そういう場をつくり出す。有名なプログラムがいくつかある。たとえば、そう――」。彼は何度も指を鳴らした。まるで、そうすれば空中から記憶が引き出せるとでもいうように。「事務用品で有名な3M(スリーエム)社の『15パーセント・ルール』。社員は好きなプロジェクトを自分で選び、勤務時間の15パーセントをそれに充てるんだ。このプログラムなら『わが社は並の職場と一線を画しています』と宣言することになる」

最後のフレーズを、マックスは演説調の太い声で言った。

「でも、ちょっとした思いつきみたいなものでも、並の職場じゃないことをアピールできる。たとえば、チャイナ・ミスト・ティー社のCEO、ダン・シュヴェイカーは、会議室のテーブルをビリヤード台に替えた。くだらないと思うかもしれないけれど、これは新風を巻き起こすための第一歩として、とても大切なことだった。彼は、重役用の駐車スペースも廃止した。

そういう象徴的な変化がまずあって、次第に社内の雰囲気が変わり、社員の気持ちも弾んでくる。ダンの部下の一人は僕に、『職場というのは息のつまる重苦しいところだとずっと思っていましたが、いまはなんだか楽しい休暇を過ごしているような感じです』と言っていたよ」

マックスが言葉を切って私の表情を見た。納得していないと判断し、また話を始める。

「インサイト社の例をあげよう。景気のいいコンピューター販売会社で、実は明日の朝、訪問しようと思っている。設立したのはいまでもまだ30代の兄弟だ。その一人、エリック・クラウンは、新しい本社ビルを巨大なX字形にした。いろんな部署の人たちが廊下でばったり出会う（bump into）ようにしたいと考えたんだ。もちろん、文字どおり衝突する（bump into）わけじゃないよ。

それから、『カジュアル・フライデー』ではなく『フォーマル・マンデー』という日を設けた。

週に1日だけ、社員はカジュアルな服装ではなく、昔ながらの背広にネクタイという格好をするんだ。

障がい者を採用している企業2社と、社員を派遣してもらう契約も結んだ。彼らが仕事をする姿を、きみも見てみるといい。彼らは働くことに喜びを感じている。その日々の勇気が、インサイト社全体の志気を高めてる。体の不自由な人が懸命に廊下を歩くのを見たら、吹き出物のことで落ち込んでなんかいられないからね」

話はさらに続いた。

「タイヤズ・プラスという会社の例もある。タイヤ販売のチェーン店だ。ここの本社には、フィットネス・ルームはもちろん、マッサージ・ルームや瞑想《めいそう》用ルームもある。タイヤを扱う会社に、瞑想するための部屋があるんだ。びっくりだろう?」

マックスは夢中になって話していたが、私はまだ納得がいかなかった。私が黙っている理由を探るように、彼は、レンズクラフターズ社が世界規模で展開した、心あたたまるプロジェクトの話を始めた。

この会社は、世界中の貧しい人々１００万人の視力を無償で検査するという目標を掲げた。社員は競うようにプロジェクトに参加し、開発途上国をまわって視力検査をし、無料で眼鏡を配布したという。同社のＣＥＯ、デイヴ・ブラウンに会ったときに、プロジェクトでのみずからの経験を聞かせてもらった、とマックスは言った。

「ブラウンはメキシコのある地方の村で1週間、社員にまじって活動したそうだ。視力の測定や度の調整はしたことがなかったので、準備と片付けが彼の役目だった。数日間はそばで作業を見たり手伝ったりしていたが、そのうち彼も村の人たちに眼鏡をかけてあげることになった。作業は順調に進み、やがて、ある女性の番になった。その女性は20歳のときに目がほとんど見えなくなり、いまでは数センチ先もぼやけてしまっている。法律上、盲目とされてるけど、それでも刺繍《ししゅう》をして生計を立てていて、毎日、布と糸を鼻に押しつけるようにして模様を確かめながら作業していた。

ブラウンがいちばん度の強い眼鏡を手にとって女性にかけたとたん、女性は眼鏡をつかみ、悲鳴のような声をあげて地面に倒れてしまった。ブラウンは、目を突いてしまったのだとばかり思い、どうしてこんなことになってしまったのかと彼女のそばにひざをついた。

慰めようとしていると、叫び声を聞いた通訳が飛んできたが、通訳はブラウンとすすり泣く女性を見てにっこり笑った。

『彼女はこう言っています。これは奇跡よ、目が見える、神様が手を触れてくださったんだわ』。神様が手を触れてくださった、だよ。まさに奇跡じゃないかね？　仕事に対するきみの考え方も変わらないかな」

感動したのはたしかなので、私はそう言った。しかし、どの話にも感心はしたが、それは興味深い話としてであって、職場選びの判断基準としてではない、と言わざるを得なかった。私がそう告げると、マックスは気分を害されたとでも言いたげにどさっと椅子の背に身を投げ出した。

「きみは、自分が型にはまった考え方をしていることに気づきさえしていない。ガラスの溝だよ。狭い狭い溝の中を流されていくのが、きみにはまるで見えてない」

私はそのイメージに笑ってしまった。

「そうさ、ガラスの溝だよ！」

マックスは怒鳴るように言って身を起こし、テーブルをバンとたたいた。ペプシの缶が震える。それに彼が気づかなかったのは、時計に目をやって立ち上がったからだった。

「おしゃべりはここまで。人を惹きつけてやまない職場を訪問する時間だ」

私たちは再び車に乗り、フェニックスのダウンタウンへ向かった。

「ジョン・ジェンゼールのことを話しておかないとな」

セントラル・アヴェニューを走りながら、マックスが言った。名前を口にしただけで、おかしそうに笑っている。

「社員は彼のことを『ライオン』と呼んで、いろんなライオン・グッズをプレゼントする。ぬいぐるみとか、ポスターとかをね。僕はしょっちゅう、そのことで彼をからかってる。そういう人だよ、これから会うのは」

やがて私たちは、高層ビルに取り囲まれるようにして立つ、ある小さなビルの前に車を止めた。『フェニックス・ビジネス・ジャーナル』のオフィスが入るビルだ。受付らしきところには、だれもいなかった。まだ4時半なのに、その日の営業はとっくに終わってしまったかのようだ。マックスがそのまま奥の部屋へ進み、私にも来るようにと手招きする。

そっと入ると、部屋には20人ほどの社員が集まっていた。みんな思い思いに椅子や床に腰を下ろして、詩を朗読している男性に視線を注いでいる。

「あれがそうだよ」。マックスがささやいた。「我らがライオンだ」

なるほど、歩き方はゆったりと自信ありげで、ライオンのようだった。しかしテレビのニュースキャスターと言ったほうが、もっとぴったりくる。高級な背広に、格好よく結ばれた、渋いが主張のあるネクタイ。シャツのダブルカフスには金色のボタンが光っている。

最初の詩がアルフレッド・テニソンのものだということを、私はあとで知った。ある一節の最後の1行は、とても時宜を得ている気がした。

目を見張るような偉業がなされるかもしれない
神々と戦った人間に、なしてならぬはずがない
岩礁からきらきらと光がきらめき始める
長かった日が落ち、ゆるゆると月が昇る

大海原のうなりが、幾多の声と和していく
行け、わが友よ、
新たな世界を求めるのに、遅すぎることはない

テニソンの詩がしばらく朗読されたあとで、その詩のイメージや表現について意見が交わされた。しかし全部が真面目な意見というわけではなく、冗談も飛び交った。それからジェンゼールは1冊の恋愛詩集を取り出し、これを持ってきたのは実はスティーヴなんだ、と言った。みんながどっと笑う。スティーヴという社員には、よほどいわくがあるのだろう。だれもがすっかり夢中になっていて、朗読とおしゃべりはさらに30分ほど続いた。

やがて社員が家路に向かうと、マックスとジェンゼールは肩を抱き合い、思い出話をし、それからようやく先ほどの朗読会のことに話題を移した。

「私たちが出しているのは週刊のビジネス新聞です。社員の多くは、週刊ビジネス紙を

作りたくてジャーナリズムの学校に行ったわけではありません。それに私たちには、大手の日刊紙のような情報の供給源もありません。

でも、だからといって、物書きとして成長し、腕をあげることができないはずはないし、力強い文章とはどういうものかを考えられないはずもありません。それで週に一度、ニュースルームで詩の朗読会をすることにしたんです。いまではみんなが詩を読むようになったし、優れた文章について考えるようにもなりました」

マックスがジェンゼールの肩に腕をまわして補足した。

「世間に対してどんなセールスポイントになるか、そんなことはどうでもいい。ただ、いまここで働いている人たちが、将来ここで働くことになるかもしれない人たちに、どんな言葉を言えると思う？　『なあ、うちの会社じゃみんな作家としての腕を磨いているんだぜ。詩の朗読会まであるんだ』」

マックスは私に向かってニコッと笑い、私は、感動しました、と正直に言った。彼らは夢中になれるものを見つけただけでなく、共に熱くなれる時間を持っているのだ。マックスが言った。

「きみも『自分なりの詩の朗読会』を始めないとね。これは実はニッチ・マーケティングの話なんだ。いいかい？　きみは自分の部署を会社に売り込む。部下になってくれるかもしれない人にも売り込む。自分の部署の売りにしたいと思うものを一つ定めて、その強みを伸ばす方法を考えるんだ。大事なのはこの後半の部分だ。経営者や社長は『ビジョン』だの『ミッション』だのと目標は掲げるが、それを達成する手だてとなると考えようともしない」

「革新的になりますと宣言することと、
クリエイティブな思考力を伸ばす方法を考え出すことは、
まったくの別物なんだよ」

ジェンゼールが例をあげてマックスの言わんとすることを補足してくれた。

「フェニックスとアトランタにオフィスを構える、アフター・ダークという広告代理店があります。年間目標を達成したので、報奨として彼らは全員でパリへ行ったんです。実にいい旅行でした。旅費を少し足せば、夫婦で参加することも友人を誘うこともできました。それに、過密スケジュールをこなすだけのお仕着せ旅行でもありませんでした。みんな思い思いのところへ行き、自分なりの体験をしたんです。

旅行中も帰ってからも、こんなデザインを見た、あんなデザインを見たとみんなで盛り上がりました。美しいものに夢中、って感じですね。いまは次の旅行を計画していますよ

——イタリアへの旅行をね」

しばらく話をして、私たちは新聞社をあとにした。車に戻ってから、私は言った。

「詩の朗読会のおかげで、うちの部署に関して自分にできそうなことが少し見えてきましたよ。少なくとも部署の一部に関してはね。あの手の取り組みは、頭を使う仕事をする人たちにはいいですね。しかし私の部下は半数以上が、事務や製造の仕事をしているんです。

彼らには悪いなと思っています。正直言って、退屈な仕事ですから」

マックスが間髪を容れず話し出した。

「マギー・リフランドのケースを考えてみよう。コロラド州のリゾート地に、保険代理店を3店舗開いた女性だ。彼女がまず取り組んだのは、いかにも流れ作業といった仕事のあり方を見直すことだった。作業は細かく分けられ、だれにでもできるくらい単純なものになっていたんだ。

でも、これでは小さな子どもだって退屈してしまう。この単純さのせいで多くの人が不満をつのらせたり転職したりし、その結果、いつ人が入れ替わってもいいように仕事をもっと単純にするという悪循環が生まれていた。リフランドは、こう思ったそうだ。

『経営者本人もやりたくないと思うほど退屈な仕事なのに、どうして社員にそれをするように言えるだろう？』

彼女は、社員がそれぞれ離れた席で仕事をしていること、職場の外での活動を大事にしていることに気がついた。なにせ、そこはコロラドのリゾート地だからね。

それまでこの保険会社では、一人ひとりに受け持ちのクライアントがあって、担当範囲のことは全部その人が一人で処理することになっていた。そこでリフランドは、資料を集中管理して、すべての社員がすべてのクライアントを担当し、社員同士が助け合えるようにしたんだ。

仕事を共有するようになった結果、出勤は週4日、休暇は年3週間、それに社員同士で勤務日を交換することもできるようになった。さらには、業績の伸びに応じたボーナスが、四半期ごとにみんなに平等に支給されるようになった。

転職者はぐっと減り、やがて高い能力を持つ人たち、つまり職場をえり好みできる人たちが集まるようになった。すべての始まりは一つの問いかけだった。

自分がしたいと思わない仕事を、なぜほかの人がしたいと思うだろう？

上に立つ者が、利益だけでなく、ゆとりをも――すなわち、所有することの喜び・満足感・柔軟性・自由さをも分け与える。そういう他社にない仕事のやり方が評判になって、この会社は優れた人材の心を動かすようになったんだ」

「それでも」。難しそうな問題でマックスをやりこめるチャンスとばかりに、私は言った。「退屈な仕事には変わりないですよね」

マックスが思いっきり顔をしかめた。

「きみの言うとおりだ。作業にすぎない仕事も、たしかにある。けれど、仕事は仕事として割り切って、単調でもあまり気にしない人も大勢いる。現にロン・ヒーリーというコンサルタントは、『30／40《サーティ・フォーティ》』というプログラムを考え出した。製造工場の勤務時間を週40時間から30時間に減らし、しかも賃金はそのまま、というプログラムだ。6時間の交代制で、勤務時間中の休憩は一切なし。生産性が上がり、入社希望者も、数が増えるだけでなく質も高まる。逆に、転職と欠勤とミスは減少する」

「6時間の間、休みなし？」私は従業員たちに同情した。「それは改善と言えるんでしょうか」

「こういう論理なんだ。人間が本当に精力的に働けるのは1日およそ6時間。工場に何時間いようと、それは変わらない。それなら、6時間だけ拘束して、あとは解放してあげたらどうだろう。ヒーリーいわく『従業員に自分の時間を返してあげる』わけだ。

さらに彼は、その工場の仕事は大半が機械を補助するような作業で、単調でつまらないものだとも認めている。そんな仕事がさもやりがいがあるかのように見せかけることを、彼はしなかった。それどころか、ほかのことをする時間を従業員に与えた。社員の一人が言ったそうだ。『仕事は最高とは言えないけど、人生は最高です』って。

こうして、『わが社は並の職場ではありません』という看板が掲げられることになる。いまでは入社希望者の順番待ちリストができているそうだ。単調な仕事で、ライバル会社では働き手が不足しているのにね」

セントラル・アヴェニューを通ってダウンタウンを走り抜けながら、マックスがニコッと笑って言った。

「さてと、信じられないような話をしよう。ハンバーガーのウェンディーズの創始者、デイヴ・トーマスがこんなことを言っていた。事業計画なんか、会社を始めたときもなかったし、いまもない、ってね。ただ、彼にはシンプルな夢が一つあった。自分のレストランを持つこと、あわよくば、市内に3軒か4軒チェーン店を持つことだった」

興味のなさそうな私を、横目で見る。

「違うよ、信じられないのはここじゃない。信じがたいのは、彼がウェンディーズ1号店をオープンさせたのが、ケンタッキー・フライド・チキンでほんものの上司として何年か働いたあとだった、ということだ。トーマスは優れた部下を大勢知っていたが、あまりに人数が多くて全員を雇う余裕がなかった。それで、店の数を増やし始めた。なんとかして一人残らず採用しようとしたんだ。彼は僕にこう説明した。

『私のもとでまた一緒に働きたいという人たちには、給料は弾めないよ、と話しました。けれど彼らはこう言ってくれたんです。そんなの大した問題じゃありません、とね。これはぜひともっと多くの店をオープンさせなければと思いました。信じてついてきてくれる人がいるなら、自分はその人に対して責任を負っているということなんです』」

なんだか嘘《うそ》っぽい話だと言いたげな私を見て、マックスが言った。

「作り話みたいに聞こえるだろうけれど、彼から直接話を聞いたから、僕は信じた。それに僕自身、仕事をしていて同じようなことを感じた経験がある。素晴らしい部下を知ると、未来に思いを馳《は》せるんだ。この人と一緒に何ができるだろう、ってね。

さっき話した、チャイナ・ミスト・ティー社のダン・シュヴェイカーは、何年にもわたって営業を一任されていた。パートナーと彼は営業担当社員を何人か雇おうと考えていたが、もう1年先にすることにした。ところがそう決めた直後に、ライバル会社の営業担当が2人、彼のところで働きたい、と電話をかけてきた。2人、だよ。会社は別々。それが同じ日に。

ダンは、これは営業部門を少し改革すべきだというサインかもしれないと思った。それで2人を採用して、こう言った。『何をすべきか、こちらから指示するつもりはない。きみたちから教わるために雇うのだから』。その後、この会社は社史に残る大きな飛躍を遂げた」

マックスが言葉を切り、深く息を吸う。

「話すのに夢中になりすぎて、危うく息をするのを忘れるところだったよ。『人を惹きつける』と言った意味がわかったかね？　ライバル会社にいる優秀な人材がやってくるということなんだよ。

顧客がヘッドハンターになる場合もある。スザンヌ・モレルードは、ミネソタ州でキッズ・ヘアという美容院を展開させている人でね、あるトップクラスのスタイリストが彼女のところで働くことになった経緯を話してくれた。そのスタイリストは電話をかけてきて、こう言ったそうだ。『お客さまが口癖のように、それは素敵な美容院なのよ、と噂されるんです』」

それからマックスは私のほうへ首を傾けて言った。「それが——」。そして私にその先の言葉を続けるように促す。彼の求めている答えが「並でない職場」なのか「人を惹きつける職場」なのかよくわからなかったので、私は両方を言った。

マックスは傾けていた首をもとに戻し、話を結ぶ前に大切なことを付け加えた。

「トマスは『給料は弾めないよ』と言ったが、そこには忘れてはならない重要なポイントがある。ほんものの上司の、人を惹きつけるというマジックだ。企業の中には優れた人材を雇うのに破格の給料を出すところもある。こんなことを言った重役がいたな。『社員にやる気を起こさせる方法は知らんが、抱き込む方法なら知っている』。だけどね、本当に優れた上司のもとで働き始めた人は、はっきり知ることになる。

給料よりもっと大切なもの、つまりチャンスと変化を得られる、とね。

この上司のもとでなら、きっとチャンスに恵まれる、収入はあとからついてくると信じられるんだ」

「人を惹きつける職場」についてのマックスの話は、理論としては興味深いものだった。しかし結局のところ、私は大企業の中にいて、管理主義的な体制と人事部に何から何まで支配されている。

「夢のような話ですね」と私は言った。「会社を辞めて、また自分で事業を興すべきなのかもしれません。そうでもしない限り、そんな夢はかないませんよ」

ほかの何よりチャレンジが大好きなマックスは、顔をしかめ、リストを出すように言った。次の赤信号で、彼は身を乗り出すようにして、私が手にしている紙の一点を指差した。

「一気にこの項目へ行こう。これを説明するには、軍隊にいた人の話がいいな。きみは自分に自由がないと思っているが、そんなこと!」

彼はシートに座り直し、私はその項目を読んだ。

並の上司　明確な規則と規範を決める。
優れた上司　規則ではなく高い基準を決める（管理に関する標語で、いちばんよかったのはこれだ。「些細なことには寛大に、重要なことには細心に」）。

「それじゃあ聞いてくれ、ジョン・ウェルカーの話だ」。尊大に首を縦に振って、マックスが言った。

「いまはメリルリンチで株のブローカーをしているが、軍隊にいるときにその項目のことを実感したそうだ。彼は、ドイツに駐屯する砲兵大隊を率いる任務を命じられた。赴任後すぐに、部隊の実力を見るために攻撃シミュレーションを行うことにした。一刻を争って大砲を準備しなければならないという状況設定でね。砲撃用意の命令を出して、彼はじっと見守った。それからもうしばらく見守った。部下たちは無能ぶりをさらけ出している。30分後、彼は立ち去ったが、部下たちはまだ準備に奮闘していた。『3ばか大将、戦争に行く』、そんな感じだったそうだ。とんだ茶番さ」

軍隊に入ったことはないが、同じような部下を持った経験は私にもいろいろあった。

「いったいどうしたらいいのか。怒鳴り散らすべきか。手順マニュアルを熟読させるべきか。翌朝、ウェルカーはベテラン士官を呼んで尋ねた。『砲弾の準備にはどれくらい時間がかかるものなんだ』。答えは『約9分です』だった。

ウェルカーはすぐに隊員たちのところへ行き、砲撃の準備を8分以内に完了する方法を考え出せ、と命令した。方法は教えなかった。ただ基準を定め、どうすればいいかは部下たち自身に考えさせた。

数日後、兵の一人が、うれしくて仕方がないといった様子でやってきた。『もういつでもタイムを計っていただいてけっこうです』。言うまでもなく、8分などというタイムは余裕でクリアした。この経験がきっかけになって、ウェルカーは、200ページに及ぶ手順マニュアルをたった1ページの基準リストに変えてしまった。そして1年と経たないうちに、彼の部隊は世界でもトップクラスと言われるようになった」

この話に私が心を動かされたのを見て取って、マックスはニヤッと笑った。

「わかるかい？　世界のトップだよ。この出来事でウェルカーの人生観が変わった。彼は行動マニュアルを捨て、基準――規則じゃない、トップレベルとは何かという定義だ――を大事にすることにしたんだ」

その話は面白かったし、学ぶべきものがあるとも思った。しかし、私はマックスに言った。

「規則と基準の違いがよくわからないんですが」

そのときふと、計画を立て目標を設定するというプロセスを、以前からよくマックスがさんざんけなしていたことを思い出した。それで、ちょっとした意地悪のつもりで付け加えた。

「私には、基準は『目標設定』と同じに聞こえますけど」

彼は唇をかんでブーッと息を吐き出した。

「オーケー、言葉のあやにしか聞こえないかもしれないな。規則、目標、基準……どれも同じじゃないのか、ってね。だが違う。『規則(rule)』の語源は定規のような『まっすぐな棒』を表すラテン語のregulaだ。型にはまった手順、つまりは官僚制の代名詞みたいなもので、言うまでもないが破られるために作られている。『目標(goal)』の語源ははっきりとはわからないが、大昔のスポーツに由来すると考えられている。越えるべき線、つまり可能性を連想させる言葉だ。

どうも、きみと僕はつむじの曲がった友人同士という気がするが、ともかくこの2つの言葉と『基準(standard)』を比べてみよう。『基準』は『尺度』だけでなく、建築や旗竿《はたざお》に対して用いられるように『まっすぐな支え』の意味も持つ。語源には2つの可能性がある。

『しっかり立つ』という意味を表すフランク語のstandardか、でなければ『集まる場所』を表す古期フランス語のestandardかもしれない。

基準は、企業や社員の方向性を決定する。プロクター・アンド・ギャンブル（P&G）社と仕事をしたときだった。家庭用品の一分野に新たに参入するときの会社の基準を、社員の一人が誇らしげに話してくれたことがある。

『P&Gでは、顧客によるブラインドテストでその分野のトップ製品に勝たない限り、決して新製品を市場に出さないんです』とね。

この明快な基準が、会社全体の方向性を決めている。研究開発部は他社の真似をして時間を無駄にしてはいられない。営業部隊は貴重な時間を費やして平凡なものを売り込まずにすむ。際限なく続く議論や会議もなくなる。そして組織全体に業界ナンバーワンとしての姿勢が浸透する。

これこそが、基準の素晴らしさなんだ。基準とは、説得力のある声でこう宣言するものだ。『ここにこそ、みんなの拠り所が、基盤がある。ここにこそ、他社を引き離し、抜きん出る術がある。そしてここここそが、みんなが力を合わせるところだ』」

マックスは言葉を切って私のひざをつかみ、思いを込めて言った。

「一つの基準は1000回の会議に匹敵するんだ」

それから、私が相変わらず手に持っているリストに、新しい項目を書き入れるように言った。

並の上司　既存の仕組みの中でどう振る舞えばいいかを理解している。
優れた上司　既存の仕組みの外でどう仕事をすべきかを知っている。

私が書き終えると、彼は尋ねた。

「ところで、きみの会社には陸軍よりたくさんの拘束があるのかね？」

「そんなことはないと思います」

「なのに、きみの部署用の基準をつくるのは無理、かな」

「もういくつか思いつきましたよ」

それを聞いて、マックスは私の肩をポンとたたいた。

「よし、それでこそ僕の息子だ！」

彼の調子に合わせるように、私は言った。

「官僚主義的な組織で働いているからといって、何も私までその考え方をすることはないんですね」

「きみに必要なのは、自由な発想力だ。前に言っただろう、ガラスの溝にはまりこんでるって。

きみは周囲の人と同じように考える癖がついてしまっているんだ。それが悪いことだとは言わない。人ってそういうものだしね。でも他人より秀でたいなら、意識して官僚主義から抜け出さないといけない。素晴らしい職場をつくるのに、意識的に努力するのと同じさ」

いまだ。数年前にマックスが教えてくれた教訓を言ってみよう。

私は彼のお気に入りのフレーズを繰り返した。

「違うものにして初めて
よりよいものにたどりつける」

マックスがうなずいた。

「きみはほんものの上司になって、優れた人材に対し、『うちで働かないか』と売り込める職場をつくろうとしている。そのためには、口コミほどいい方法はない。何か人の噂《サムシング・トゥ・トーク・アバウト》になるようなことをばらまくんだ」

彼はボニー・レイットの「サムシング・トゥ・トーク・アバウト」を、外れた調子で口ずさんだ。やがて歌がHow about love?(愛はどうだろう)のところへ来ると、彼は言った。

「これが、僕たちが目標とすべきものだ。大切なのは愛なんだ。利益でも年金制度でもない——愛なんだよ」


マックスは、アリゾナ・センターという巨大な複合ビルの駐車場に車を止めた。

「ここで食事をしようと思ったんだが、座りっぱなしで老骨がキシキシいってるよ。ちょっとその辺を歩こうか」。リストを持っていくように、とも彼は言った。

駐車場を出たのは午後の遅い時間で、傾いた太陽がビルの間にのぞいていた。私たちはダウンタウンをぶらぶらと歩いた。ハーバーガー劇場わきにずらりと並ぶ、さまざまな格好をした裸体像の前を抜け、シンフォニー・ホールを通りすぎる。

歩きながら、私はマックスの書いたリストを声に出して読んだ。

並の上司　答えを教える。
優れた上司　問いを投げかける（部下に答えを見つけさせることのほうが、答えそのものより大切である）。

私のことを指して言っているような項目だった。

「どうしたらうちの部署の問題解決屋をやめられるか、それを教えていただけたら、私の人生は一夜にしてがらりと変わるでしょうね」

「寛大すぎるんだよ、きみは。あれはたしか――」。マックスがパチンと指を鳴らす。「教えてくれたのはピーター・シュッツだ。前に話したポルシェの元ＣＥＯだよ。どうも働きすぎだ、と彼にこぼしたことがあった。そんなに時間をかけて何をしているのかと聞かれたんで、『問題を解決している』と答えた。とたんにほとんど怒鳴るように言われたよ。『そんなの、やめちまえ！』。いまのきみと同じ罠《わな》に、僕は陥っていたんだ。きみのところで問題を解決してもらえるなら、みんな何度でも来る。どうして、自分で解決するような危険を冒すだろう。きみが解決したなら、問題が起きて責められるのもきみ。それがおおかたの企業がやっていることさ。責任回避だよ」

「いまの話で思い出しましたよ。前にこんな記事を読んだことがあります。それによると、人々が売り込みを断るいちばんの理由は、妙なものを買って失敗したくないからなんだそうです。

その記事を読んでからというもの、私は経営陣へのアイデアの売り込み方を変えました。私が『この新しいプロジェクトではこんな素晴らしいことが実現できます』とプレゼンテーションしているとき、居並ぶ重役たちの頭には『うまくいきそうにない点はどこか』ということしかないのですから。それで私はリスクを――とりわけ経営陣の責任になるリスクを最小限にする方法をきちんと説明し、さまざまな心配の種に対する『予防接種』を行うようにしています」

最初にマックスと出会ったとき、わたしは実に多くのことを学んだ。その一つに「人は、変化は大嫌いだが、試してみることは大好き」という、プレゼンテーションにも使える金言がある。変化は冒険だ。しかし試すだけならやり直しがきくし、少し無茶だってできる。私は、新しいプロジェクトを試しにやってみるものと位置づけて、試験的な要素を少し含めるようにしていった。

マックスは自分の知恵がいい形になって戻ってきた話を楽しそうに聞き、私の肩に腕をまわした。たそがれの中をこの聡明な老人と並んで歩いていると、まるで映画の登場人物になったような気分になる。

「さてと、きみ自身がどう問題に対処しているかはわかった。では、部下がどうすればいいですかと聞きに来たら、どんなことを試してみるかね？」

「答える代わりに、そっくり同じ問いを彼らに返します」

「そのとおり。部署の管理をうまくやるには、一日中、2つの問いを投げかけるだけでいい。


もっといい方法はないか。

これがきみにできる最善か。

優秀な部下なら、どうしたらもっといい仕事ができるかを考えて、きみに話すだろう。よし、やってみろときみが言えば、彼らは有頂天になる。ここで次の項目へ移ろう」

並の上司　　部下の時間と労力を奪う。
優れた上司　　助力を得る。

私が目を上げると、マックスはまったく無関係に思える話を始めたが、じきにそうではないことがわかった。

「ニュース番組の中で、人々が教会へ行って、ふだん目にしているモノにキリストや聖母マリアの顔が現れたといって紹介するコーナーがあるのを知っているかね?」

いきなり話題が変わったことにクスッと笑って、私はうなずいた。

「何カ月か前にそういうリポートを見ていて、僕は教会を訪れる人たちの熱意と真剣さに心を打たれた。取材に来ただけの物知り顔のキャスターとは、比べものにならない。

そのときふと思った。長い間キリストのことを考え続けると、ついにはトルティーヤ（トウモロコシ粉を円形に薄く焼いたメキシコ料理）にキリストの顔が浮かび上がるのかもしれない。トルティーヤに信仰心が映し出されるんだ」

突拍子もない話に私は思わず笑ってしまったが、マックスは自分の考えに虜《とりこ》になった様子で先を続けた。

「それがロールシャッハ・テストの焼き直しにすぎないのは、無論わかっていた。ただ、そのとき、僕は思い込みの重要性を再発見した。日頃、ついこだわってしまうことに、気をつけなければいけないとも思った。そんなことを考えていたら、職場に関する面白い疑問が浮かんだ。『組織の人々の心にはどんな強い思いがあるんだろう』」

私は「仕事から逃れたいという気持ちでしょう」と答えかけたが、マックスによればそれは極論だという。彼は自分の考えをこう述べた。

「人々は会社によって、組織のことや規則のことをまず考えるように教育されている。それから、さっききみが言ったように、うまくいきそうにないところはどこか、ということも。言い換えるなら、みんな官僚主義にどっぷり浸《つ》かってる。なのにほかの人には逆のこと、つまり、もっと自由な考え方をしてほしいと思っている」

「そこで」とマックスは続けた。「会社における集合的無意識を実現することが、優れた上司の仕事になる。いつだったか、年に14回も助手を替えたという医者と話をしたことがある。どの助手も、患者に対する気配りが、自分が思う基準に達していないように思えたそうだ。

結局、その医者は外科医の友人を訪ねた。前にその病院に行ったことがあってね。そしてこう聞いた。『きみのところのスタッフは実に素晴らしいね。いったいどうやって探し出すんだい』

外科医の話によると、応募者は、その外科医だけでなくほかのスタッフもまじえた面接を3回受ける。3回の面接で応募者はふるいにかけられるわけだが、最終的にはただ一つの質問によって採用か不採用かが決まる。こう尋ねるんだ。『あなたは患者に対して、どんな思いやりを示すことができますか』

この問いを取り入れた医者は、たびたび人を入れ替えずにすむようになった。なぜか。他人の痛みのわかる人、病気というものを理解している人、病気を何とかしてあげたいと思っている人を採用できるようになったからだよ。なんだか、すごく単純なことに思えるだろう？　だけど想像してごらん、スタッフのだれもが思いやりにあふれている病院だよ。ガラス越しに事務的な態度でしか応対しない病院と比べて、どうだろう。

もちろん、あらゆる会社が思いやりを最優先に考えることを望むわけじゃない。でも、進んで人を助けようという気持ちは、どんな組織でも追求していけるはずだ。大半の新聞が求人広告欄の見出しを『手助け募集中（Help Wanted）』としなくなったのはつくづく残念だ。だれかを雇うとき、ほしいのは手助けだ。でも、助けを得るのは従業員を雇うより、はるかに難しいんだ。

ビジネスの哲学は、『助ける（Help）』というたった一つの言葉の中に凝縮されている。

社員に対する訓示は『手助けあるのみ（Just Help）』

モットーは『私たちが力になります（We Help）』だよ」

マックスがこちらを向いたので、私はうなずいた。彼は先を続けた。

「官僚主義にどっぷり浸かっている組織か、それとも助けることに心を砕いている組織かは、簡単に見分けがつく。たとえば、僕の家の近所にスポーツクラブがある。ものすごく大きなクラブで、入口のところに営業事務所がある。机の横の壁を見ると張り紙がしてあって、こう書かれている。『電話はお貸ししておりません』。客の力になりたいと思っている会社だったら、たびたび電話を貸してくれと言われれば客用の電話を設置するはずだろう？

それをやったのがレンタルビデオ・チェーンのブロックバスター・ビデオだ。少なくともうちの近所の店はそうだ。電話があれば、どの映画にするか、客は電話で家族に相談できる。そういうことなんだ、客の力になるというのは。

そうだ。ジェイ・ゴルツの話をしないとね。シカゴの額縁店を1000万ドルのビジネスに育て上げた人だよ。彼のモットーは、

『はい』のひとことですませるよりも
ずっといい答えが必ずある

だった。彼は、ある町に引っ越してきたばかりの人の話をしてくれた。その人は、愛車のロータスを整備してくれる修理業者を探していた。そこで数軒の店に電話をして、ロータスを扱っているかどうか尋ねた。何軒かの店は『はい、扱っています』としか答えなかったが、ある店はこう答えた。『もちろんですとも。私どもは輸入車を専門に扱っています。店長もロータスに乗っていますよ』。断然いい答えだ。聞かれたことに答えない従業員はいないと思うけど、顧客のことを理解して本当に役に立とうとする人は実際、ほんの一握りなんだ。

もちろんこれはほんものの部下に求められる性質だが、そういう人材を見つけ出したり、常に手助けを意識するような環境をつくったりするのはほんものの上司の仕事だ」

そこでマックスは足を止め、私のほうに向き直った。

「それで、きみはどんな思いやりをもって仕事に臨んでいるかね？　きみやきみの部下たちの心にはどんな強い思いがあるかね？　それがやがてきみのトルティーヤに浮かび上がるんだよ」

そう言って彼はいつものように豪快に笑い、再び歩き始めた。

私たちはもう1ブロック歩いた。言葉を交わす必要はどちらにもなかった。たそがれ時の空気はなぜかいつもより豊かな深みがあって、ゆっくりと吸って味わう価値がある気がする。しかし穏やかな雰囲気は、マックスの言葉で破られた。

「迷子になったかな？」

「迷ってはいないでしょう。次の交差点を曲がったら、さっきの場所へ出るはずですよ」

私の返事を聞いて、マックスは少しがっかりしたようだった。たぶん、道に迷ったことも楽しんでしまう人なのだろう。

「聞いてみよう、念のためにね」

マックスは歩道わきのカフェのほうへ歩いていき、ビジネスパーソンのグループに話しかけた。道を聞いただけなのに、それがおしゃべりを始めるきっかけになって、そのうち私たちは彼らと一緒にテーブルを囲み、マルガリータをごちそうになってしまった。

休憩して気分もさわやかに、私たちは再び歩き出した。夜気はひんやりとしていたが、相変わらず豊かな深みがあって心地よかった。街灯の下を通りかかったとき、私は次の項目を読み上げた。

並の上司　部下の成長について、関知しない。

優れた上司　進歩という個人的な梯子《はしご》をのぼる部下を、次の段に押し上げる。

マックスはまず、ブライアン・カイリーというコメディアンの十八番を引用した。「この間、本屋に行って、レジの女性に『自立のための本はどこにありますか？』と尋ねた。すると女性が答えた。『それを教えたら、自立にならないじゃない』」

「僕はこの話が大好きだ」。マックスが話を続ける。「というのも、ほんものの上司の際立った資質の一つは、部下を向上させるコツをつかんでいることだからだ。部下というのは、そのときの能力ではなく、内に秘めた才能を見込んで採用されていることも多い。優れた上司なら、チェスの名人のように、先を見据えた行動をとる。部下が何か新しい挑戦に成功できそうだということを、部下本人より前に予感することもしばしばある」

マックスは次の街頭で立ち止まり、この項目の下に並ぶ小見出しを示した。そして小見出しそれぞれについて理解が深まるよう例をあげてくれた。その中で印象に残っているものをいくつか紹介しよう。

「アンジェロ・ペトリッツリと話をしたことがある」。マックスが言った。「彼がベル・スポーツの一事業部の責任者を務めていたときだ。部下についてこんなことを言っていた。『私は肝のすわった人材を探します。雇うのはそういう人ですね。肝なんて、あとから植えつけるわけにはいきませんから』

ペトリッツリの部下は小心者には務まらない。なにせ彼はこう明言する上司だからね。『私は部下に、いまの能力より少し上の仕事をさせます。のんきに構えてなんかいられないところに放り込むんです。お気楽な雑用係など、必要ありませんから』。実際、彼は

部下がのんきに構えていれば、それは変化を与える合図だ

と思っている。例をあげて、こう言っていた。『部下の女性が素晴らしいアイデアを私に提案しました。私が〝一緒に来て、いまのアイデアをきみから社長に話してくれ〟と言ったところ、彼女は〝無理です〟とひるみました。それで私は〝無理じゃない、きみは自分ができることを知らないだけだ〟と背中を押しました。

あるいは、のんきそうにしている幹部社員がいたら、クライアントと直接取引をさせます。その仕事でまたのんきに構えるようになったら、営業のための訪問に同行させます。しばらくして、一人で営業に行かせても、それまでの経験がばっちり役に立ちますよ』

ペトリッツリは部下に、社員としての冒険はもちろん、個人としての冒険も経験してもらいたいと思っている。

『輪の中にある輪（wheels within wheels）』という言葉を聞いたことがあるだろうけど、優れた上司は『冒険の中にある冒険（adventures in adventures）』をさせる。会社や部署が思いきって何かを試し、その中で、上司は部下に個人レベルで何か思いきったことをさせるんだ。部署の管理をうまくやるには『これがきみにできる最善か』と問えばいいと言ったけど、1回目の『そうです』は必ずしも認めないという条件を加えるべきかもしれないね。ベストを尽くしていると部下が思っても、どうすればそれ以上のことをさせられるか、いい上司はちゃんと知っているんだよ」

マックスが続けて言った。

「権限を手放すことも、優れた上司の特徴だ。
それも、ただ手放すんじゃなく、
だれかの手にポンとゆだねるんだ」

「ナンシー・ロフティンは、アリゾナの大手公益企業APSで主席法律顧問を務めている。前任者はCFO（最高財務責任者）に昇進したんだが、彼の姿を見かけるとみんな彼に法律上の意見を聞きたがったそうだ。ロフティンは言った。『重役たちが長いこと頼ってきたのはほかならぬ彼のアドバイスでしたし、それに、女性がこの地位につくなんて、それまで弊社ではまったく考えられないことだったんです。おまけに彼はものすごく頭の切れる人で、記憶力もずば抜けていました。みんなが彼のところへ質問しに行ったのも無理はありません。なのに彼は一切答えようとしなかった。ただこう言ったんです。僕にはわからない――ナンシーに聞いてくれ、って。もちろん彼はわかっていました。ただ、わからないと答えることで、彼なりにバトンを渡してくれたんです』」

信号を待つ間に、マックスが私のほうを向いて言った。

「質問なら後任者にしてくれ、なんて簡単に言えそうだけど、考えてごらん。『僕にはわからない』と言いつつあとからとやかく言われない結果を出すには、どれほどの自信がいることだろう。

自信といえば、この前任者はロフティンに自信を持たせるために、ほかにもやんわりと拒否したことがあった。込み入った問題にぶつかって彼女が手を貸してほしいと頼んできたとき、『きみなら対処できるよ』と言ったんだ。そのときのことを彼女はこう話してくれた。『そっけなく聞こえるけれど、そうではなかった。きみを信じているよ、ということだったんです。私は彼のことを心から尊敬していたので、その彼が私を信じてくれるなら、私も自分を信じなければと思いました』」

ぶらぶらと歩きながら、マックスが尋ねた。

「きみの自信に対して真剣に向き合う準備はできたかね？」

「いえ、まだです」と答えると、彼は私の肩をげんこつで小突いた。

「じゃあ、この話はもう少しあとにしよう。ただ、知っておくといいよ。部下をやる気にさせるためのいちばん勇気ある方法は、簡単に言うと、きみが間違えること、彼らとの議論に負けることだ」

マックスは、このことはフィラデルフィアに本社のある、テレダイン社の事業部長、ケン・ドナヒューから教わったのだ、と言ってこんな話をした。

「ケンは素晴らしいことを言っていた。『私が示した考えに対して、部下が問題点を指摘することがあります。指摘が的確なときは、私は自分の考えを変え、間違いと認め、部下の意見を支持します。一度そうすれば、部下は自分の意見を言っていいのだとわかるでしょう。もし彼らの意見を無視してこちらの考えをごり押ししたら、彼らは、最終的にイヤな思いをするのはこっちなのに、だれが反対意見なんか言うもんか、と考えてしまいます。でも、上司が間違いを認めることがわかれば、上司に対して意見を述べるのはそうするだけの価値のあることだと思うはずです。そして上司が変わることがわかれば、彼らも変わります』

つまり、間違うことと、
間違っていると認めることによっても、
ほんものの上司はいい部下を育て、
やる気にさせることができるんだ。

言うなれば、最初は部下として優秀でなくても、育て方を熟知した指導者から刺激を受けることで優れた部下になっていけるということだね」

そして私たちは、マックスが書いたリストの最後の項目を読んだ。

並の上司　　チームプレーヤーを探す。
優れた上司　　同志を探す。

「僕としては」と、レストランを指差してマックスが言う。「最後の項目は食事のあとにしたいな。ただ、ほんものの部下とはどんな部下か、そういう部下がほんものの上司とどんな同盟関係を築くか、それを話し合えば、きっときみのするべきことがわかるよ」

マックスに見つめられ、私はうなずいた。

「それじゃ、食事をしながら、ほんものの部下に求められるものについて話をしよう。

ほんものの部下を見分けるため、そしてきみ自身がそういう部下になるために」

自分を部下と考えるのは妙な気分だった。昇進してマネジメント側にまわったとたん、自分は管理者だ、先導者《リーダー》だと思うようになっていた。よりよい部下、よりよい追従者《フォロワー》になるには何が必要かなど、考えたこともない。しかし、あれこれ思いをめぐらす暇はなかった。マックスがレストランのすぐ手前で足を止め、こう聞いたのだ。

「いままで話してきたことは何か役に立ちそうかね？　それとも、きみはただ年寄りに調子を合わせてきただけかね？」

「マックス」。私は真剣に答えた。「ガラスの溝なんて、昨日まではあることさえ知らなかったのに、いまはそれが左右から私を挟むように迫ってくるのを感じます。思いとは裏腹に、私はリーダーとしての能力と創造力のすべてをつぎ込んで、つくろうとしていたんです――平均的な部下のための、平均よりちょっとましな職場を」

マックスがパチパチと手をたたいた。

「でもいまは」。拍手を制して私は言った。「会社に戻ったら、最高の人たちが働くにふさわしい最高の職場を、ぜひつくろうと思います」

第4章

仕事選びの大切な基準は「いまより幸せになれること」なんだ！

私たちは夕食をとるためにサムズ・カフェに入った。オフィスやさまざまな店が入った巨大な複合ビルの一つ、アリゾナ・センターの1階だ。マックスが「静かなところを」と希望を告げ、私たちは屋外のテーブルに案内された。

上司と部下についての自分の研究を話すにあたり、マックスがまずこう言った。「僕はほんものの上司を探していた。そしてそういう上司に、最高の部下に求めるものは何かと尋ねた」と。

「つまり、これまで話してきたのは、あくまでほんものの上司についての話だった。これから話す性質にしても、上司ならどんな上司もが求めるわけじゃない。だいたい並の上司が何を求めていようと知ったことではないしね。ただし、優れた上司に注目されたいなら、ぜひ持つべき性質だ。それはそうと、これから詳しく話すけど、優れた上司は部下を雇うんじゃない。前に言った『最強の逸材』を『スカウト』するんだ」

「スカウト」についてもっと詳しく聞きたかったが、マックスは頼みを聞き入れてはくれなかった。

「だめだめ。この問題は先を急いじゃいけない。まず秀でること。そうすれば求められるようになる。そういえば、テレビ業界の重鎮、グラント・ティンカーがあるネットワークを買収したとき、どうやってそのネットワークを業界1位にするつもりか、と聞かれたことがあった。彼はさらりと言ってのけた。『まず最高になる。そうすれば1位になるだろう』ってね。すごい言葉だろう？」

たしかに。しかし私は話を先へ進めてもらいたくて仕方がなかった。

「それで、大勢いる部下の中で1番になるには何が必要なんです？」

「まず、わかりやすい性質が一つある。いい部下はきわめて大量の仕事をこなす。だからといって勤務時間がいちばん長いとは限らない。いつも会社に一番乗りというわけじゃないのに、ものすごくたくさん仕事をするんだ」

「似た話をどこかで聞いたような気がしますけど」

「だろうね。それじゃ、この話に無駄な時間をかけるのはよそう。優秀な部下というのはコツコツやるというより一気に飛ぶ感じだ。前にも話したと思うけど、ほんものの上司と部下が求めるものは同じだ。1に自由、2に変化、3にチャンス。そして本当に優れた上司を定義することで、本当に優れた部下も定義できる」

「実際、有能な上司と部下が手を取り合うと
何がすごいって、
上下関係が一切なくなって
一つになるんだよ」

マックスが私の顔をちらっと見た。

「ふむ、哲学の話には興味ありませんという顔だな。話は具体的に、ってことだね。じゃあ、そうしよう。まずは『自由』についてだ。自由とは、優れた部下は管理する必要がないということだ」。真剣な表情で彼は言った。「第1の自由は信頼だ。仕事をしっかりこなしてくれる、少なくとも上司の自分と同じくらいにはやってくれると思えること。これを見てごらん」

マックスは自分で書きとめたコメントを見せてくれた。そこには、ほんものの上司が優れた部下について語った言葉が、一字一句に至るまでそのままメモされていた。

- 優れた部下は、そこそこの出来に甘んじたりしない。
- 私が困っていると、彼らはすぐに来て助けてくれる。頼む必要などない。彼らにはわかるのだ。
- 有能な部下は自分に対してきわめて厳しい。彼らに批評は必要ない。よくやった、とほめるだけでいい。
- 彼らは私と同じ夢を持っている——そう、これからしようとすることが、私と同じなのだ。

● 優れた部下は子どもと違い、自分のしたことに自分で責任を取る。それどころか彼らには私のほうがいつも助けてもらっている。

● 優れた部下がいれば、後ろを警戒する必要がない。彼らがしっかり見ていてくれる。

マックスが話を続けた。「第2の自由は、仕事の一部をゆだねることだ」

「優れた部下は
上司より高いレベルでできることを
何か一つは持っていて、
ときとして上司の仕事をチェックしてくれるんだ」

- 優れた部下は、私の肩をポンとたたいて「今度はどんな仕事をまわしてもらえますか」と尋ねる。
- 最も優秀だった部下は私の持っていないものをすべて持っていた。私はその部下の持っていないものをすべて持っていた。
- 彼らは何が必要かを私に教えてくれる。私が彼らに教えるのではない。
- 最高の部下は部署全体をレベルアップさせる基準を持っている。私たちはみなその基準をなんとかしてクリアしようとする。
- 最高の部下は顧客の気持ちになってものを考える。そして組織のだれより顧客のことを理解している。

「ここにあるような部下を持てるのは、ほんものの上司だけだ。なぜって、こういう部下はその部下自身がリーダーになってしまうからだ。ほかの部下たちが頼ってなんでも相談に行くようになる。並の上司では疎外感を覚えてしまうよ。目を見張るような仕事もしなければ、魅力的な職場をつくりもしない上司ではね。そうだろう？」

私はうなずいた。しかし内心では首を横に振っていた。そういう理想的な部下から、いまの私の部下はなんとかけ離れていることだろう。

「さて」とマックスが言った。「有能な部下が求め、優れた上司が見たがるものの2つ目は、『変化』だ。彼らは『次は何が起こるのだろう?』と待ちきれない思いで朝を迎える。ただし、観客席にじっと座って変化を待っているわけじゃない。彼らがいるのは舞台の上だ。このメモをごらん」

- 優れた部下は、問題が起きたときや混乱のただ中にあるときにこそ、素晴らしい力を発揮する。彼らのおかげでみんな落ち着きを取り戻す。彼らの自信が伝わるのだ。
- 優れた部下は情報を明確にする。耳慣れない専門用語を並べて話したりせず、選択肢をきちんと示してくれる。
- 私にとって優秀な部下とは、さまざまな可能性を示せる部下だ。

マックスがメモを軽くたたいた。

「『さまざまな可能性を示せる《ショウ・ミー・ザ・ポシビリティーズ》』っていうのがいいね。たしか何かの映画にこんな台詞《せりふ》があったな。『金を見せろ《ショウ・ミー・ザ・マネー》』」

「『ザ・エージェント』ですね」

「そう、それ。部下に対しても、『可能性を見せてみろ』ってことだね。そう言ったのは詩を読むライオン、ジョン・ジェンゼールだ。彼は可能性についてそういう話をしたあと、優れた部下を建築士にたとえて言った。『新しく倉庫を造るために建築士を雇ったとします。大きいものを、という希望しか言わなくても、本当に腕のいい建築士なら、後日こう提案してくれるはずです。おっしゃるような倉庫を考えてみましたが、こんな感じにも造れます。あるいは、こんな感じでも。いちばんいいものをお選びください、と』」

　マックスが話を続ける。

「部下と役割を交代できたらいいなと思わないかね？　きみは、部下が列をなしてあとからあとから問題を持ち込んでくると言ってたけどね。想像してごらん。きみのほうが部下のところへ行って『問題が起きた』と言う。するとこういう答えが返ってくる。『私が引き受けますよ。ご心配なく』。そして本当にきみはなんの心配もしない。まるでP・G・

ウッドハウスの小説みたいだ。バーティが引き起こす難題を、執事のジーヴズが次から次へと解決していくんだ。ジーヴズは部下の鑑《かがみ》だな」

よくわからなかったが、ともかく私はうなずいた。マックスは、優れた上司の言葉を書きとめたメモに話を戻した。

「最後は、『チャンスを求める』だね。これは上司の話をしたときにもかなり念入りにやったけど、ここにあるのは優れた上司たちからじかに聞いた意見だ」

- 彼らは試されることを望んでいる。手に余るかもしれない仕事をぜひさせてくれ、とまるで挑むように上司に言ってくる。
- 有能な部下は自信に満ちている。自分の能力の限界に挑戦し、その力に応じた報酬を求める。
- きわめて優秀な部下は、決まって起業家タイプだ。新しいプロジェクトを次から次へと考え出さなければ、彼らの関心をつなぎとめておくことはできない。

最後の部分にはガクッときた。私のおかれている状況とあまりに違いすぎて、見当違いな気さえしたのだ。

「このことは前にもおっしゃっていましたが、私にはやっぱりわかりません。責任を引き受ける、あるいは持たせるなんていうことが、どうしたら組織の中でできるのか」

「優れた部下というのは」とマックスが言った。「目立ちたがり屋なんだ。自分の能力の高さを知っていて、それを証明するチャンスをねらってる。力を試せる場に出たいと思ってる。どうすれば部下にそういうチャンスを与えられるか、考え出すのは容易ではない。容易ではないが、彼らの起業家的なエネルギーを活用する方法をなんとかして見つけなくてはいけない。無論、新たに会社を興させるのでなく、だよ。

経営者はよくこんな言葉を口にする。『優れた人材を雇え。そして思うままに仕事をさせろ』。でもそんな決まり文句を言う人の多くは、権限を譲るふりをしているだけだ。彼らは権限を譲ったような顔をしながら、相変わらずなんでも自分で決めてしまう。部下に言うんだ。『それはきみの責任だ。ただ、私なら……』とね」

私は話をさえぎるように、まさにその言葉を上司に言われたことがあります、と言った。

私は上司の意見に従わなかった。そして、私の責任だというのはつまりこういうことかと思い知った。上司は決して私を許さなかった。二度と私を信用することもなかった。ほどなく、私は会社を辞めた。

マックスが言った。

「きみがラリー・トリーのもとで働けるといいのにな。彼はエクイップメント・メンテナンス・サービス（EMS）という会社を経営している。西部のいくつかの州で大型の産業機器をメンテナンスしている会社だ。彼はまさしく、社員に思うがままに仕事をさせている人だよ。

EMSの従業員数百人は、西部のあちこちにあるさまざまなメンテナンス施設で仕事をしている。トリーは事業を分散していて、本社スタッフもたった4人にするという徹底ぶりなんだ。それだけじゃない。ある施設で建物から追い出されてしまったときには、地方の施設に本部オフィスを置いたし、そこが手狭になると、トレーラーハウスに移ったこともある。

部下には本当に思うがままに仕事をさせ、トリー自身は自分の時間をすべて、戦略を練ったり社員のことを考えたり、社風の向上なる仕事をしたりするのにつぎ込んでいる。彼はこう言っている。『私たちが大切にしている社風は、

無意識にまずまずのことができるより、能力が足りないことを自覚しているほうがいい

です』。そして笑いながら僕に聞いた。『たしかにそうだ、と思いませんか』。彼こそ、僕の求める上司だよ。

社風の重要な部分として、トリーは部下に、自分の夢に生きろ、と言っている。部下の個人的な夢を知りたがり、その夢と会社の目標とがぴったり重なり合うところを見つけよう

とするんだ。

起業家精神あふれる社員のエネルギーをうまく利用するために、トリーは会社をいくつかの部署に分け、その部署を管理する社員をＣＥＯにしている。その一人でワイオミング州の部署を任されている男性は、もとは時間給で働くパート社員だった。トリーはこう言っている。

『彼を採用した者はだいぶ前に辞めてしまいましたが、彼はもともとは機械の修理工だったんです。でも素晴らしい才能を持っているのを見て、私は夢を持つようにと励ましました。そして彼のために次から次へと新しい役割を見つけ、力を試しました。どれだけうまくこなせるか知りたいと思ったからです。

いまでは彼は１０００万ドル規模の部署のＣＥＯを務め、20パーセントの純利益をあげています。私にはとてもできそうにないことですよ』

彼はまさにほんものの部下だよ。そしてほんものの上司と働いたからこそ、大きく成長できたんだ」

しかし私は、悶々《もんもん》としたあの思いをまた抱いてしまった。いまの話も、組織の中にいてほとんど自由に行動できない立場の人間には、どうも現実味がない。マックスが笑った。

「きみは自由大好き少年なんだなあ」。そして私のひざをがしっとつかむ。

「それじゃ、きみが気に入ってくれそうな話をしよう。デーヴィッド・ウィングは長く小売店を経営していたが、いまはリテール・アドバイザーズという、小売業者向けのコンサルタント会社をやっている。ウィングは店のオーナーたちにこんな話をするそうだ。

『人を従業員として扱うと、それなりのものしか返ってきません。彼らは50セントでも時給の高い職場を見つけたら、さっさと辞めてしまうでしょう。しかし、仕事仲間として接すると、すべてが違ってきます。単なる従業員ではなく、ビジネスの大事な担い手と考えてください。これは重要な役割を任せることで実現できます。たとえば何かの責任者にする。陳列の仕方かワイシャツ売場か、あるいは商品搬入に関してでもいい。そして人に教えることで、勉強してもらいます。私の場合は、週に一度テーマを決めてミーティングを開きました。従業員には、たとえば〝陳列の仕方に関して話し合いたいんだが、きみに進行を任せていいか〟と言いました。

以前、返品に来た客に何か別の商品を買わせるのが天才的にうまい女性の従業員がいました。買ったものを返しに来た客が、返すよりたくさんのものを買って店を出ていくんです。それで彼女に、みんなにそのコツを教えてくれないかと頼んだところ、彼女は自分のしていることをきちんと筋道を立てて考え、みんなに教えてくれました。おかげで私たちみんなが向上できました』」

マックスは私の反応を見た。

「これなら、私のおかれている状況にも応用できそうです」

それを聞いて、彼はさらに詳しく話し出した。

「それだけじゃない。ウィングによれば、従業員に『自分のもの』という気持ちを持たせたり能力を示すチャンスを与えたりすると彼らのやる気を刺激し、逆にそういう気持ちやチャンスを奪うと罰を与えることになるという。彼はこう言っている。

『たとえばジェーンが、看過できないとんでもない失敗をしたとしましょう。罰として、彼女を持ち場からはずします。彼女は、職場に来て自分の持ち場にいるジョンを見るたび、こう思います。〝ああなんてこと、ジョンが私の商品に触っている。ああ、私のディスプレイを台無しにしている〟。彼女はもう二度と、ミスをしないでしょう』」

そしてマックスはこう結んだ。

「大半の部下はより多くの責任と権限をほしがる。つまり、昇進と昇給を求める。だけどほんものの部下は、文字どおりの意味かどうかはともかく、仕事の所有者になりたがる。自分の能力の高さを知っていて、それを証明するチャンスを求めるんだ」


話をしながらおいしい料理を食べ終え、食後のコーヒーを飲む間に、マックスがおなじみの話題を持ち出してきた。

「ほとんどの職場は小学校さながらだね。大学を思わせる職場はほんの一握りだ。小学校というのはルールを教え、あれこれせっつくところ。大学は自由と発見の場で、能力を引き出すところ……少なくともそうあるべきところだ。多くの大学が単なる職業訓練センターになってしまっていることは、この際おいておくがね。そういえば、まさにその大学に関係のある話があったな」

彼が取り上げたのはノーム・ブリンカーという人物の話だった。ステーキ・アンド・エールというレストランを始めてチェーン店を次々にオープンさせ、その後バーガーキングで経営方針の大転換を指揮し、さらには多数のレストラン・チェーンを持つブリンカー・インターナショナルを創業したという。

「ブリンカーが職探しをしたのは一度だけ、サンディエゴ州立大学を卒業しようというときだった。採用担当者はみんな彼に注目した。性格もいいし、乗馬競技でオリンピックに出場したこともある。一方で、『カットコ』のナイフを売って学費を稼いでいたんだ。P&Gやベスレヘム・スチールからも誘いがあったし、ブリンカーの就職先は選《よ》り取りみどりだった。けれど来る日も来る日も彼は妻に言った。『ぜひうちにって誘ってくれるんだけど、どうも面白くなさそうなんだ。だから断ったよ、あんまり気が進みません、って』

ブリンカーは大企業には就職せず、地元のコーヒーショップのチェーン店を選んだ。理由を聞いたら、彼は自分のよき師《メンター》となった人のことを話してくれた。

『大会社の人たちはみんな、ビシッとスーツで決めてました。でもボブ・ピーターソンに会いに行ったら、茶色いチェックのシャツに茶色のズボンで、ネクタイはなし。そして言ったんです。〝おれの夢を一緒に実現してくれなんて、なんできみに頼む必要がある？〟と。それからキッチンを見せてもらったんですが、ちょうど従業員たちが新しいレシピを試しているところで、部屋中に活気があふれていました。みんな笑って、楽しんでいたんです』

気がつくとブリンカーは、ぜひ雇ってほしいとピーターソンに頼み込んでいた。それも、大企業に提示されたのよりはるかに少ない給料でね。

収入より雰囲気を大事にしたと聞いて奥さんはどんな反応をしたのか、彼に聞いてみた。

『給料の額は問題じゃないという僕の考えを、妻は理解してくれました。僕の家族はたしかに貧乏でした。でも、幸せでした。だから、仕事を決めるときはいつもこう自分に問いかけます。この仕事でいまより幸せになれるか、と』」

「仕事選びの大切な基準は

『いまより幸せになれること』なんだ！」

そう言って、マックスは座ったままピョンと跳ねた。

「結果的には、その選択のおかげでブリンカーは大もうけすることになる。チェックのシャツを着た夢追い人のピーターソンは、ハンバーガー・チェーンのジャック・イン・ザ・ボックスも手がけるようになったが、そのうちブリンカーにチェーン店の一軒を買わせてオーナーにした。

その店で得た利益で、ブリンカーは自分で事業を興すことにした。けれどどこにでもあるようなコーヒーショップを開いてしまい、そのためにありがちな経営をするというありがちな間違いを犯してしまった。当然、彼はすぐに飽きた。それで不動産物件を探し、それから新しいレストランを開くことにした。今度はなんとしても楽しいものにしようと思った——自分にとっても従業員にとっても、そしてお客にとっても。

ブリンカーは、いままでにない雰囲気をつくり出そうと思うなら、いままでにないタイプの従業員を雇ってみなければ、と考えた。それまでのレストランの従業員といえば、だいたいが志の低いくたびれた足取りの中年の人たちだったんだ。ブリンカーはもっと若い人がほしいと思った。中世のイギリスを思わせる衣裳を着こなし、新たな雰囲気をつくり出す元気のある人がね。

それで近所にあったサザン・メソジスト大学の就職課に、学生を15人雇いたい、と電話をかけた。職員の女性は協力的だったが、ステーキ・アンド・エールという店の名前を聞いて態度が変わった。アルコールを扱うことがわかって、いまの話はなかったことにしてほしい、と言い出したんだ。ブリンカーはすぐに車に乗り込み、学生会館へ飛んでいった。レストランの写真を見せ、自分の夢を語り、そして力を貸してくれるスタッフを見つけた。

自分にとって魅力のある環境をつくろうとした結果、ノーム・ブリンカーは、いまでは『カジュアル・ダイニング』と呼ばれるようになった、飲食業界の新たな分野を生み出した。さらには、活気あふれる職場環境をつくり出した。当時まだ在学中だった学生たちが、いま、そして将来も優れた従業員であり続けてくれているような環境を。ブリンカーはそうと気づかない間に、優れた人材の求めるものをうまくとらえたんだ。秀でた人たちは、仕事になどいつでもつけるし、お金を稼げることも知っている。それなら職場を選ぶとき、彼らはいったい何を求めるか」

「ずば抜けた人材はね、ずば抜けた環境に惹きつけられるんだよ」

マックスが、コーヒーを飲み、いまの話を私にじっくり考えさせる。少しして彼は、ブリンカーのレストランについてもう一つ意見を付け加えた。

「注目すべきは、優れた上司はレストランのパート従業員を雇うにも、優れた人材を探しに出かけるというところだ。そういう人が現れないかなあと、ただじっと待っていたりしない。ブリンカーは、自分の求める能力を持った人がどこへ行けば見つけられるかを考え、そういう人たちを口説くべく、活気あふれる職場のことを熱く語ったんだ」

マックスが伸びをして、そろそろ帰ろうか、と言った。「口説くと言えば——」。思い出したように言う。「明日は、優れた部下を見つけて見事に口説き落とす方法について、じっくり話そう」

これはマックスをやりこめるチャンスだ、と私は思った。

「ちょっと待ってください。『見つけて口説く』ってどういうことです？　魅力的な職場をつくれば、部下のほうから引き寄せられてくるんじゃなかったんでしたっけ」

「僕の話をよく聞いていてくれてうれしいな。いまきみが言ったとおり、人を惹きつける職場をつくれば、たしかに優れた部下が何人か集まってくる。ただし、何人か、だけだ。たいていは上司が三流で本物の才能の扱い方を知らない場合だね。けれど、有能な部下の中には、転職するなんて考えもしない人が大勢いる。文字どおり、そんな考えが浮かびもしないんだ。そういう人が逸材中の逸材の中にいる。見つけ出すべきはそういう人材だ。彼らに来てもらう唯一の切り札が、彼らにふさわしい職場、別名『最高の人が働くにふさわしい最高の職場』なんだ」

第5章

有能な部下は、探すより探されるほうがずっと多いんだ。

翌朝、階下に降りていくと、マックスが朝食をこしらえていた。携帯電話を片手に笑ったり悪態をついたりしながら、フルーツを切っている。ワッフルと卵が火にかかっていた。私の姿を見ると「そいつを頼む」と合図をして、電話の相手に夕べの話をし、私の言葉を引き合いに出しては、私を豊かな知識を持った人物に仕立ててしまった。

朝食用のテーブルが置かれていたのは、雑誌の特集で目にするような部屋だった――部屋の中も外も、至るところが色彩に富んでいる。2面に窓があって、斜めにはめ込まれたガラスから差し込む光が、まるで歩兵の掲げる剣のように交差している。少し経ってからその話をすると、マックスは笑って、家の持ち主が大事に飾っている住宅雑誌のコピーを見せてくれた。写っているのはこの部屋だった。マックスと朝食をともにしながら、この光景もなんだか写真に残す価値があるような気がして、雑誌の記者がもう一度写真を撮りに来てくれたらいいのに、と私は思った。

ほどなく、マックスは上司と部下について話を再開した。

「ほんものの上司と部下がどうやって気持ちを一つにするか、それを理解するためには、次の3つを同時に考える必要がある」

そして、次のような要点を記した新たなレジュメを私に渡した。

2. 優れた上司はただ部下を雇うのではなく、同志を得る。

3. 一流の人材は職ではなく能力を持つ。
彼らが一度（しても一度だ）働く場を求めれば、やがてその能力は見抜かれ、望まれ、獲得される。

4. 有能な上司と部下は、
典型的な求職プロセスを逆転させることが多い。
上司が部下をスカウトするのではなく、

部下が上司をスカウトするのである。
そのプロセスは、「求人市場」というより「逸材探し」を思わせる。

「まず」とマックスが話し始めた。「『同志』という言葉を使う理由を説明しないといけないな。ほんものの上司と部下が職場に同じものを求めていることを考えれば、職場における『チーム』と呼ぶべきでは、と思えるだろうからね。

もちろん、一人の監督下にある人間の集まりならどんなものも『チーム』と呼ぶことができる。たとえば大統領の内閣もそう呼ばれるけど、メンバーたちが一緒に仕事をすることはめったにないし、それどころか、何度も集まるのは予算の取り合いのときくらいなものだ。

僕が出会った優れた上司や部下の多くは、いわゆる『チーム』とはどうもイメージが違う。まずみんなで何かを決めるということがあまりない。ほんものと呼べる上司は、チームリーダーというより、むしろ賢明な君主だからね。そしてほんものの部下はというと、親切でよく気がつき力になってくれるが、一人ひとりが独自の能力を持つ一匹狼だ。だれかをだれかの代わりにはできない。それに、本当に優秀な部下なら委員会のメンバーにイライラするだろう――こう言っちゃなんだけど、職場で『チーム』と呼ばれているものの大半は、ただの委員会なんだよ。

『チーム』の代わりに僕が見た『同盟』は、単なる雇用関係を超えていた。一方的に何かを教えるわけではないから『師弟関係』でもない。進歩した新しい形の『親族関係』というと近いかな」

マックスは言葉を切ると私の顔を見て眉をひそめ、それからやれやれと言うように首を振った。

「話がちょっとでも哲学的になると、とたんにきみは興味をなくすんだね」

「まさか。とんでもない。新しい形の『親族関係』。ちゃんと聞いていますよ」

「それじゃ、一つ例をあげよう。僕のお気に入りの話だ。大企業、それもきみのところより大きな会社の話だから、きみも『自由大好き少年』を掲げて嘆いているわけにはいかないぞ。この人は運と能力に恵まれて、ほんものの上司のもとで働き、それからほんものの部下とともに仕事をした。長くなるから、ワッフルを食べながら聞いてくれ。

80年代前半、スリーエムのビデオテープ事業部でコミュニケーションズ・グループの主任を務めていたときに、ドン・レナハンは最初にして唯一の、ほんものと思える上司に出会った。エドアルド・ピエルッツィという名のイタリア人重役で、さらに上の重役の補佐をしている人だった。彼は、非公式に組織を改革する役目を担ってスリーエムのセントポール本社に赴任していて、そこでレナハンを見つけた。

レナハンは意欲あふれる社員で、事業部に新しい息吹を吹き込みたいと考えていた。そのためにはどうすればいいかというアイデアもちゃんと持っていた。それでピエルッツィはレナハンを同志にした――どうやってかというと、助けてもらうんじゃなく、ピエルッツィのほうがレナハンを助けたんだ。レナハンは初めのころの2人の関係についてこんなふうに話していた。

『ピエルッツィは強い影響力を持っていました。CEOをはじめすべての経営幹部に気に入られていたんです。奥さんはイタリアに残してきていたので、24時間、仕事をするのも幹部たちとおつきあいするのも自由でしたからね。幹部が話をしたいと言えば、彼はいつでも話し相手になりました。休暇でヨーロッパ旅行に行くと言えば、計画を立ててやりました。

彼は、幹部たちのためにこまごました一切のことを手配したので、彼らのそのときどきの状況を1から10まで把握していました。そして自分の影響力を私のプロジェクトに巧みに役立ててくれました。私のアイデアを聞いては、幹部のところへ持っていってくれたんです』

つまり、この同盟における上司の役割は、いわばアイデアのセールス係だった。ピエルッツィは、アイデアを生み出す過程にはタッチしない、事業部のための営業担当だったんだ。想像してごらん。いいアイデアなら事業部のトップに売り込んでもらえるとわかれば、それだけでどれほど意欲が刺激されるだろう。創造力を高めるには、自分のアイデアがイノベーションを起こすのを目にするのがいちばんなんだ。

その後、ピエルッツィはビデオ事業部の責任者になり、レナハンをコミュニケーションズ・グループのトップに昇進させた。ピエルッツィが上層部に売り込んだレナハンのアイデアの中に、オリンピックの主要スポンサーになるというものがあった。これはものすごく重要なプロジェクトになった。というのも、このプロジェクトを通してレナハン自身もほ、い、い、んものと思える部下に出会ったからだ。

でも話は順を追って進めよう。ピエルッツィはまた昇進し、今度はヨーロッパに戻ることになった。彼はすぐにレナハンに出張を命じ、やってきたレナハンをブリュッセルの会員制クラブに連れていって一緒に食事をした。そして言った。『ヨーロッパの全コミュニケーションズ・グループを束ねてくれないか』

レナハンは大喜びでその役目を引き受け、すぐに妻と息子を連れてブリュッセルに移った。それからの数年間をレナハンはこんなふうに語っている。『家族みんなにとって本当に充実した日々でした。息子はインターナショナル・スクールに通い、クラスでヨーロッパのあちこちを鉄道でまわりました。フィレンツェの美術を勉強するときはフィレンツェに行き、ミケランジェロのダヴィデ像についての研究発表も像の前でしたんです。アメリカに戻るとき、息子は大声で泣いていました。無論、私たちも』

レナハンが帰国したのは、昇進してセントポール本社の仕事に戻るためだった。もうピエルッツィの部下ではなくなったけれど、2人が同志であることに変わりはなかった。

『ピエルッツィのことは相変わらず上司のように思っています。抱えている問題について電話で話すと、それはこういうことだからこうするといいよ、と助言してくれます。経営陣のことはなんでも知っている人ですから、彼の存在は上司だったとき以上に貴重でした。彼は私のグローバルなプロジェクトを強力に支援してくれましたし、私も必要とされたらいつでも彼に同じことをしました』

レナハンにとってピエルッツィはよき師《メンター》だった。コーチであり、父親であり、兄であり、友人でもあった。彼らは『血のつながった兄弟』ならぬ、『一流の能力でつながった兄弟』なんだ。単に関わりを持つだけでなく、相手の可能性や夢の実現に力を貸すんだから。

さてと、次はレナハンがみずからの優れた部下を見つけた経緯を話そう。

スリーエムがオリンピックのスポンサーになるというプロジェクトをレナハンがまとめたとき、関係する国は65カ国あった。そのすべての国が、広告を出したり、タイアップ商品を販売したり、オリンピックを利用して大切な顧客や業者と関係を築こうとしたり、独自の計画を持っていた。

65の計画の中で、ずば抜けたものが一つあった。カナダのプログラムで、中心になって進めていたのはブルース・ムーアハウスという若い社員だった。レナハンは感心してこう言っていた。『資源の使い方が賢く独創的だっただけでなく、この計画によって実際に何が達成されるのかが、数値の変化を示すことによって一目でわかるようになっていたんです。ほかの国がこぞってこのやり方を真似しましたね』

ヨーロッパから戻り、レナハンは世界規模のイメージ・キャンペーンを新たに展開しようと考えた。そして8カ国から成るプロジェクト・チームを結成し、カナダを入れて、ムーアハウスの仕事ぶりをもっと観察することにした。レナハンは言った。『私はこの大切な計画を頭の中でよく練っていました。そして彼が不可欠だと思いました。引き入れるのに1年近くかかりましたが』

この場合もそうだが、優れた上司は優れた部下を採用するときに『引き入れる』という表現を使う。『探し求める』とか『あちこち探してまわる』という言葉もよく使うな。

有能な部下は、探すより探されるほうがずっと多いんだ。

その若いカナダ人はなぜほんもの、、、だと認められたのか。レナハンはこう説明した。『彼にプロジェクトを任せれば——つまり彼が提案するものを承認すれば——、期日までに、予算内で、最高の品質のものが出来上がると確信できました。それに、特別な工夫というか何か独創的なもの、それが彼の仕事だという個性の印みたいなものが必ずあるんです。つまり彼のブランド、、、、が』

面白いことに、あのレナハンが——世界有数の企業のために数々のブランドを築くことで出世してきた人が、部下の能力を『ブランド』だと言っているわけだ。自分の仕事を一つの『事業』だと考えろ、というアドバイスをよく聞くけれど、僕はレナハンの考え方のほうが好きだな。ブランドはたくさんある。ゆえに差別化とイメージづくりを促すわけだから。

この話は、もうおなじみの、自分を信じて歩むことがテーマだけど、もう一つ、親族関係もテーマになっている。レナハンは、ムーアハウスを気遣って、働く時間を減らせと口を酸っぱくして言ったそうだ。ある意味、母親のような気持ちになっていたんだね。

ところでもう一つ、見落とされがちな部下の性質がある。この話を持ち出すのは、人間関係の大切さをわかってもらえると思うからだよ。

たぶん自分がブリュッセルで食事に招かれたことを思い出したんだろう。ドン・レナハンはムーアハウスをウォルドーフに招待して、本社のポストを提示した。レナハンはその日付も覚えている。9月17日だ。

『私が日付を覚えているのは、彼が絶対に忘れられないものにしてくれたからなんですよ。彼は、〝今日のことは僕の誇りです。引き抜いてくださってありがとうございます、こんな仕事ができるなんて夢のようです〟と言ったんです。それに〝あなたがいらっしゃる限り決して辞めません〟とも』

いい話だろう？　レナハンがこう言うのも納得だね。『彼の価値は計り知れません。得がたい人材です』」

この話に私は大きな衝撃を受けた。私の仕事場にはない結びつきを目の当たりにしたせいだ。私には、頭の中で思い描きながらこう言うのが精一杯だった。上司のだれかと、そして部下のだれかと手を取り合い、3人で互いに助け合えたら、どんなに心強いでしょう、と。

「私の職場でもそういう関係を結べるといいんですが。でも、うちはスリーエムではありませんから」

「大丈夫。たしかに、スリーエムの社員は抜群に質が高い。でもその点で、ドン・レナハンの話にはもう一つ学ぶべきことがあると思う。彼は何十年もスリーエムにいて、何十人ものいい部下に恵まれたが、本当に優れた部下となると1人しかいなかった。彼は僕のために上司の数も数えてくれたけれど、14人いた上司の中で同盟関係を結んだのはたったの1人だった。1人、だよ。

もちろん、人を惹きつけてやまない職場にいることで判断基準が高くなったということはあるかもしれない。そうだとしても、同盟関係が結ばれるのはものすごくまれだということだ。だけど、きみだってきっと見つけられるよ。そういう関係があることを信じて、心から願って、それにふさわしい人間になる努力を一心にすればね」

「なんだか謎めいて聞こえますけど」

「謎めいてなんかいないよ、少なくとも僕にとっては。『高尚な使命』とは言えるかもしれない。別の言い方をするなら、『高い地位にともなう義務《ノブレス・オブリージュ》』かな。さっききみが言ったような助け合う3人組は、きっと知ることになる。仕事仲間として密接につながったら、重大な責務を果たしつつ軽口をたたくなんていう、絶妙の関係が生まれるんだ、とね。

昔、家族のモットーとしてこんな言葉を考えたことがあった。『高潔さと威厳を持って生きるべし。ただし、わざとらしくならないように』。いま話している同盟も、そんな感じのものなんだよ」

「そういう同盟を1つ、いや、2つか3つほしいと思います」。力を込めて私は言った。

「そうだな、まずは、きみがほんものの上司たり得るような優秀な部下を見つけるといい。きみは前に、何かを変えようとしたら部下の何人かは怖気《おじけ》づいて逃げ出すだろうって言っていたね。そういう部下の代わりをどうやって見つけるか、それを話そう」

マックスがまず取り上げたのは、フットボールの名コーチ、ドン・シューラが、勝利における運の役割について尋ねられたときの言葉だった。

「シューラはこう言った。『もちろん、運はすごく大事だよ。いいクォーターバックがいないのは不運だ』。優れた上司は、人事部がいい部下を送ってくれるのをじっと待ってたりなんかしない。彼らは実にうまく才能ある人材を見つけ出して口説き落とすんだ」

そしていくつかの例を話してくれた。

「ランディ・チェンバレンという建築家がいる。とても魅力的な人物で、ハビタットという会社を経営し、店舗やレストラン、事務所、それに看板やモデルハウスを設計する事業を全国的に展開している」

マックスは夢中になって、ハビタットの仕事の独創性をあれこれ語った。それからこう言った。

「数年前のことだ。ハビタットの大事な取引先である住宅建設会社に、ポール・ブルーノフォートという人がいた。元々は会計士だった、マーケティングの部長だ。このブルーノフォートのプロジェクトで仕事をしていたランディ・チェンバレンは、彼に何かを感じた。

チェンバレンはこう言っていた。『次に必要なのは、一段深いレベルまで検討し、人を別の角度から見られるようになることだ』と。やがて彼は確信した。ハビタットの財務管理体制を整えるための理想の人物を見つけた、とね。

でも彼には、ブルーノフォートが会社を辞める気がないこともわかっていた。その会社はハビタットの20倍の規模だったんだ。そこでランディ・チェンバレンは口説きの戦法に出た。たとえば、ブルーノフォートのプロジェクトでハビタットがスケジュールの遅れを出しそうになると、チェンバレンと部下たちは週末返上で、新しい住宅展示場のオープンに間に合うように看板の設置を手伝った。週末だけじゃない、嵐のときに仕事をしたこともあった。チェンバレンはくたくたになった自分たちの姿を写真に撮ってブルーノフォートに送った。

『会社に対する私たちの誇りを知ってもらいたかったんです』とチェンバレンは言っていた。『何をやり遂げたかではなく、自分たちがどういう人間かを見せたかった』。私は彼を口説いていたんですよ』。実際に『口説く』という言葉を使った経営者は、僕が会った中ではチェンバレンだけだよ。でも、まさにぴったりの表現だね。

それはともかく、チェンバレンは、一緒に働いてくれないかという話を、すぐにはブルーノフォートにしなかった。それも、2年間。彼はこう言った。『機が熟すのを待っていたんです。私には、ブルーノフォートと面識のある知人がいました。それに、先方の会社には見張り役がいて、アプローチする絶好のタイミングは、この見張り役が教えてくれることになっていました。ある日、話をするなら今日だ、という電話があって、そのとおりにしたんです』。ブルーノフォートはいまや、ハビタットの社長だよ」

マックスの話を聞くうちに、なぜ「口説く」という言葉が使われるのかがわかってきた。これまで生きてきて、「ある日公園で彼女を見かけ、この人だとピンときた。3年後、ぼくらは結婚した」などとロマンチックな話をする人には何人か出会ったことがあった。ただ、私は天の啓示のようなものを受けたことがなかったので、そんなのはたまたま相性が合っただけで、巡り合わせがよかったのだ、くらいにしか思っていなかった。

しかし模範的な「口説き」を実践しているビジネスリーダーが実際にいるのだ。スリーエムの社員の話も考えあわせてみると、「きみは『ウォークオン』の寄せ集めチームで試合をしているんだよ」とマックスがなじったのが、まったくそのとおりであるのがわかってきた。そのとたん、背筋が寒くなるような恐怖に襲われた。

もし、社内のどこかの部署がマックスの言うような方法で部下を引き抜いていたら？　もし、ライバル会社のうちと同じような部署が外に出て最高の人材を「口説いて」いたら？　もしそうなら、いま私のところにいるのは？　残りもの？　優れた部下は、私が当てにしている人材プールなどには絶対にまわってこない。部署を革新しようといろいろ努力しているにもかかわらず、いまだにぱっとしないのも当然ではないか。

私はマックスの話に全神経を集中した。

「次の話も僕のお気に入りだ。ボベット・ゴーデンは、いまではニューインフォメーション・プレゼンテーションという講演者派遣事務所を経営している。事務所を始める前はラジオ局の営業をしていて、ほんものと言うべき上司のもとで働くことになった経緯を話してくれた。

『彼は町の大手ラジオ局の経営者でした。仕事をさせてもらえないかと頼みに行ったのですが、そのときは空きがなくて。でも彼は、親友でもある他局の局長に電話をして、私を紹介してくれました。私はそこで仕事を始めました。

あとでわかったのですが、彼は親友が転職しようとしていて、いずれその局を辞めることを知っていたんです。だから私をその人のところに送り込み、少し経験を積ませて、私に対する自分の評価が正しいかどうかを見ていたんですね。

彼は連絡を絶やさず、私が仕事を覚えるのを見守りました。そして1年後に私を採用しました——親友が辞めてすぐに。彼は私をほかの人に教育させ、しかも、自分のところに連れてこられるようになるまで他局に預けておいたんです』

まったく、すごいことだよね。最初に話した上司は人を引き入れるのに2年かけ、絶好のタイミングを知るために見張り役を使った。そしていまの話の上司は部下を1年の間他局に預けていた。きみがよく知っている求人の仕方とはずいぶん違うだろう？」

そう言ったかと思うと、マックスはピシャッとテーブルをたたいた。

「そうだ、もう一ついい例を思い出した。これは僕が知っている『口説き』の中でもいちばん長いものでね。ソレクトロンという会社の名前を聞いたことはあるかね？」

「どこかで聞いた気がします。マルコム・ボルドリッジ賞（米国国家経営品質賞）をとった会社でしたっけ」

「よく知っているね。そのとおり。しかも2回も。年商50億ドルの企業だが、ソレクトロンという名前を知っている人はほとんどいない。自社ブランドの製品がなく、他社製品を作っているからだ。だけどこんな話がある。

ウィンストン・チェンは、長年IBMに勤める間に、上司のコウ・ニシムラと親しくなった。やがて、当時はまだ小さな会社だったソレクトロンの経営を引き受けることになり、IBMを辞めたが、その後も元上司のニシムラとのつきあいを続けた。しょっちゅう昼食や夕食を一緒にして、元上司を自分の近くに引きつけておいたんだ。『手繰り寄せておいた』と言ったほうがいいかもしれない。ニシムラは、チェンがIBMを辞めてから10年間の2人の関係を、こんなふうに語った。

『最初のころ彼は私にアドバイスを求めてきましたね。どう思います？　とか、どうしたらいいんでしょう、何かいい知恵はありませんか、といった具合に。あなたのアドバイスがぜひとも必要なんだと言わんばかりでしたよ。そして10年間のある時点で、その内容が、会社の経営を手伝ってもらえませんか、に変わったんです。

私にとってＩＢＭはいい会社でした。自分だけでは到底できないこと──スタンフォードで博士号を取る費用を出してくれたんです。私は勉強を続けました。責任もいろいろ負うようになりました。

でも80年代半ばに、もうこの会社に貢献することはできないと感じました。体制の問題でね。退職するのがいちばん会社のためになる気がしてきたんです。

それで、会社の経営を手伝ってもらえないかとチェンにもう一度言われたとき、私は考えてみてもいいと答えました。そうしたら、ちょっと寄っていってくださいよ、役割分担を決めましょう、と誘われましてね。そのとおりにしたんです。彼のほうが上司で、私はＣＯＯ（最高執行責任者）でしたが、ちっとも構いませんでした』」

マックスは私の腕をぽんとたたいた。

「わかるかい？　チェンがどんなふうに昔の上司とのつきあいを続けたか。どんなふうにニシムラにソレクトロンのことを教えたか。彼は情報を押しつけるのではなく、アドバイスを求めたんだ。ついでに言うと、これは担当として最良の営業のやり方なんだよ──問いかけるってのがね。それから、この点を忘れないでくれ。ニシムラが引き受ける気になるまで、チェンは10年間、ほかのだれにもオファーをかけなかったこと。その一方で、会社を旧友にふさわしいものにしていったことも。

やがてチェンは引退し、代わりにニシムラがCEOに、後には会長になった。1億ドルに満たなかった会社の売上げは、ニシムラが来て数年で50億ドルを超すまでになった。それでもニシムラはあくまで謙虚で、すべては、昔の部下であり上司でもあったチェンの功績だとして『私は彼が始めたことを続けているだけです』と言っている」

私はその話に大いに感動したが、10年もかけて口説きたいとは思わなかった。

「いつもそんなに長い時間がかかるものなんですか」。情けない声にならないよう気をつけつつ、尋ねてみる。マックスが笑った。

「きみはせっかちだな。そう、答えはイエスでありノーでもある。肝心なのは、きみは常に有能な人材を探しているということだ。優れた上司としてのきみの仕事は、優秀なスカウトになることなんだ。そして有能な人材を見つけたら、人間関係を築くことから始める。これぞと思う人物を見つけるのに数年、関係を築くのにさらに数年かかるかもしれない。けれどそのプロセスは、始まりさえすれば、あとはどんどん進んでいく。目をつけた候補者を自分のほうに導く『パイプライン』があるんだ。そうして自然に物事が流れていく。

たとえば、サウスウエスト航空のマーケティング部長、デイヴ・リドリーがこんな話をしていたよ。ある年の夏、彼は自分の部署で働いていた研修生がとても気に入った。でもそのときは空きがなくてね。それでもリドリーはその研修生とたえず連絡を取り続けて、2年後、すべての条件が合って、ついに彼を迎え入れた。まあ、スカウトというのは、一晩で実現することもあれば、10年かかる場合もあるということだね」

私はマックスに言った。

「自分が、業界の有能な人材という人材を集めたファイルを作っている姿が目に浮かびます。単なるスカウトではなく、『有望社員《プレーヤー》人事部の部長』ですね」

「それを聞いて思い出したよ。フットボールのコーチのルー・ホルツと面白い話をしたことがある。ちょっと脱線するけど、ホルツが出会った上司、ウッディー・ヘイズの話をしよう。ホルツはヘイズのアシスタントだったときのことをいろいろ話してくれたんだが、いちばん印象的だったのは、ホルツを知ってからというもの、ヘイズが提示される昇進の話をすべて断ったということだ。『昇進の話ならアシスタントたちにまわしてくれ。彼らには養わなきゃならない家族がいるから』と言ってね。考えられるかい?」

「いいえ」。率直に、私は答えた。

マックスがニッと笑った。

「僕たちには理解に苦しむ話だね。それはさておき、採用の話に戻ろう。ホルツはこう言っていた。『何もせずただ待って、空きができてから、〝さあ、だれを雇おうか〟ではだめですね。そんなふうでは2軍のチームしか作れません。10人雇うとしましょう。運がよければ、そのうち5人はいい選手です。そしてすべての責任が彼らにのしかかり、彼らはそれを不快に思う。

ところがこの5人は、ほかのチームにとっても魅力的な選手なんですよ。そのため、やがて彼らの代わりにまた別の5人を入れなければならなくなります。うち2人は使えるかもしれません。でもそんなことを繰り返していたら、最終的には10人全員が2軍選手になってしまいます』」

「それで、ホルツはどうするのがいいと言うんです？　20人採用するとか？」。私は尋ねた。

「いや」。マックスは即座に否定し、それから考え込むように顔をしかめた。

「だけど、ある意味ではそれより多かったかもしれない。ホルツは採用候補者リストを作っていて、そこに彼が扱うあらゆる仕事に関する有力な候補者の名前を記していた。リストに載っている人は半分引き抜かれたようなものだ。そんなリストがあることはだれも知らなかったけどね。

ただ、いいかい、どのポストにも空きがなかった。それでもホルツは、万が一のために、そのリストを作っておいたんだ。優秀なアシスタントのことを耳にしたら必ず、その人に注目してよく知ろうとした。その人が自分のところで働きたいと思っているかどうか、どうしたらその人を獲得できるかを見きわめるためだ。

だから実際に欠員が出たときは、必要な人も、その人をどうやって口説けばいいかも、ホルツにはわかっていた。だれがヘッドコーチになりたがっているか、だれがＮＦＬ（ナショナル・フットボール・リーグ）に行きたがっているか、そういうことが頭に入っていたんだ。

彼は『うちに来て手伝ってくれ』とは言わず、

『あなたがほしいものを手に入れるお手伝いをしよう』

と言った。そしてそのやり方で実績をあげた。ホルツの元アシスタントはＮＣＡＡ（全米大学体育協会）にもＮＦＬにも、至るところに散らばっているよ」

私は、優秀なアシスタントが辞めるのを許すのは間違いではないかと最初は思ったが、代わりとなる人材のリストがあれば、部下の転職にもずいぶん手を貸しやすいだろうと考え直した。

「ところで」と私はマックスに尋ねた。「アシスタントに何を求めるか、ホルツは話していましたか」

「『生まれながらの教師がほしい』と言っていた。熱っぽく、『優れたコーチに囲まれていると楽しいですよ。笑いが絶えませんから！』とも言ってたな」

その言葉とともに、自然とマックスの顔がほころぶ。

私は一刻も早くスカウトを始めたい気持ちだったが、懸念が一つあった。

「いい部下になりそうな人材に出会うには何年もかかりそうですね。手っ取り早く見つける方法はないものですかね」

「何年もはかからないよ。関わりのあるすべての人をよく観察したら、すぐにでも有力な候補者が見つかると思うな。言うまでもなく、これにも実例がある」

マックスは、エリック・ソルトヴォルドの話を始めた。

「彼はまだ33歳だが、ビジネス経験は20年もある。ハイスクール時代に、体験学習プログラムで、バイクの販売・修理のビジネスを始めたんだ。幼いころから家族と暮らしてきた古い農場に使われていない納屋があって、彼はそれをショールームに改装した。そして中古のバイクを買い、修理して売った。まだ14歳だったが、まもなく彼は新品のバイクを店におくことにした。初めての仕入れのために卸業者に行ったとき、名前を聞かれ、『エリックです』と答えた。

『きみの名前じゃない、会社の名前だ』

『名前はありません』

『うーん、うちとしては名前がないと困るんだよな。エリック・バイクショップというのはどうだろう』


15歳になるころにはエリックは納屋に本格的なバイクショップを開き、母親に車でミネアポリスの卸業者へ連れていってもらって、数千ドル単位で商品を発注するまでになった。エリック・バイクショップはいまや、ミネアポリスとセントポールに6つの支店を持ち、１５０人の従業員を抱える会社だ。

従業員はみな、店員としてエリックにスカウトされた人たちだ。実に理にかなった話なんだ。この優秀な店員たちは、バイクに惚れ込んでいる人たちなんだよ。エリックは言っていた。『バイクというのは技術屋のスポーツでしてね、バイクをいじるのが好きで好きでたまらないっていう人たちがいるんです。もうかる商売ではないので、バイクを愛している人しかこの業界では働けません。ただ、興味と知識を兼ね備えた人材はごくわずかです。では、どこへ行けば興味も知識もある従業員候補が見つかるか。彼らは日がな1日、店に入り浸っているんですよ』

エリックはこうも言った。『僕が、客だった人を大勢雇ったので、支店長たちも客を従業員候補として見るようになっていました。うちの会社にぴったりの人だとわかったら、この会社で働いてみませんか、と誘うんです。言ってみれば、客が店員になり、その店員が支店長になるわけです』」

この話は、私のおかれている状況とは、あまり関係がないように思えた。私には小売業の場合のような客はいないからだ。しかしこれまでの話から、マックスの指摘は広い視野でとらえるべきだということがわかっていた。この例の場合は、出会う人すべてを見ろ、ということだ。

私の頭に、ある若い女性のことが浮かんだ。うちのコンサルティング会社の社員で、きわめて優秀な人物だ。

「何かわからないことでも？」マックスが聞いた。

「候補になりそうな人のことを考えていたんです。『最強の逸材』と呼ぶにふさわしい女性です。本物の革新者なんです。うちの部に来てくれたらと思いますが、いま、彼女はいい条件で働いています。うちでは、同じ給料どころか、下回ってしまうのではないかと思って」

マックスはメモ用紙を1枚破り、丸めて、私の頭めがけて投げつけるふりをした。

「ほらほら、またガラスの溝に戻っているぞ。ありきたりな採用プロセスを、ありきたりなやり方でたどろうとしてる。いいかい、優秀な人材はみんないい条件で働いてる。少なくとも大半はそうだ。とにかく、その有力候補についてよく知ること。彼女が本当はどんな仕事をしたいと思っているのか、しっかり見きわめるんだ。もしかしたら、きみの仕事のやり方に大変革をもたらすようなプロジェクトを夢見ているかもしれない。

思い出してくれ。自由、変化、チャンスだ。時代遅れのやり方をするなら、必要な人材を引き抜くには給料を20パーセント上乗せすればいい。けれど、

自由を100パーセント、
わくわくする気持ちを100パーセント
上乗せしてごらん。

『茶色いチェックのシャツを着た夢追い人』のもとで働くことにしたノーム・ブリンカーを思い出してほしい。まず、夢を見られるくらい自分を解放すること。それから、分かち合うべき夢を見つけることだね」

マックスの言うことは正しかった。貴重な人材が部下として自分のもとに来ることを想像したとたん、舞い上がってしまって、いつもの考え方に戻っていたのだ。私はようやく、同盟を結ぶためにはどうすればいいか考え始めていた。

含むところのある視線を私に投げかけて、マックスが大きな声で言った。
「今度はきみの考え方に活を入れる話をしよう。ガラスの溝にはまり込んでいたら、ロン・ウォルターズのようなことはできないぞ。彼は全国規模の印刷会社で営業所長をしていた人だ。他社である女性に出会い、ぜひ雇いたいと思って、彼女のことを知ろうといろいろ努力した。ある日、彼女のほうから、いますぐ転職したい、と連絡があった。けれどウォルターズのところには欠員がなく、予算もなかった。それでも、とにかく彼はその女性を雇った。最初の1カ月は自腹を切って彼女の給料を払ったそうだ」

「でもそれこそが、
官僚的組織で働きつつ
官僚主義の考え方をしない人間なんだよ」

「私だったら、そんなことをしようとは考えもしないでしょう」。正直に、私は言った。

「ロン・ウォルターズは、本当に優秀な部下であればさまざまな財産を還元してくれるだろうと見越していたんだ。金銭的な面だけでなく、いろいろな財産をね。

ウォルターズについてもう少し話をしよう。やがて彼はこの大企業を退社して、自分でフリーダム・プリンティングという会社を始め、ほんの数年で年商数百万ドルの規模にまで育て上げた。

彼は魅力ある職場をつくり、この職場こそ働くのに最高の場所だと証明する一つの手段として、部下にこう奨励した。『転職先を探し、戻ったらどんなところだったか教えてくれ』とね。

何年にもわたって、大勢の部下がその考えを実行した。ライバル会社について、ウォルターズがいろんな情報を得ることにもつながった。ただ、もともとの目的は、彼のところほど魅力的な職場を提示できる会社はほかにはないと確認することだった。このプロセスを実行するなかで、彼は一人として部下を失うことはなかった」

マックスが言葉を切る。

「いや、話したいのはそれじゃなくて、採用に関する彼のもう一つの戦略のことだ。彼は、関わりのある人の中からこれぞと思う人材を見つけ出すだけでなく、客にも『うちで働いてみたくはないですか』と尋ねた。これはきみにもできることだよ――ああ、そうだったね。きみには、そういう質問のできる客はいないんだよね」

彼は再び口をつぐみ、今度は目を細めてこう言った。

「また紙のボールを作らせないでくれよ」

私は両手をあげた。

「その必要はありません。官僚主義的な考えはしていませんから。社内のほかの部署で働く人たちのところへ行って、彼らが前に勤めていた会社の同僚について尋ねてみようと思います。

手始めとして、品質管理の主任にあたってみます。つい先日インテルから移ってきた人です。うちの部に相当するインテルの部署に、これはと思うような社員がいるかもしれませんし、その人と連絡を取ることもできるでしょう。何かの会合で会う段取りをつけられるかも。

その人をじっくり調べることから始めます。インテルほどの給料は出せないかもしれませんが、少なくともうちの部署のほうが、自由と活気と刺激に満ちているはずですし」

マックスが立ち上がって、深々とお辞儀をした。

「オーケー、よく言った」。うれしそうに、彼は言った。「きみはもう立派なスカウトだ。全米に、いや世界中にいる優れた部下の候補者を、残らずリストアップしようというアイデアが気に入ったね。それじゃ、一つ質問をしよう。僕たちがこうして会うきっかけになったあの電話でも聞いたけど、採用についてのきみの方針は？」

今回は答えることができた。

「私の部署は、最高の人が働くにふさわしい最高の場所になるでしょう。いえ、すでになりつつあります。そのことを人々に知ってもらうのが私の仕事です。

人を雇うことは、だれかが会社を辞めて初めて考えるものではありません。採用の話のほとんどは、いわゆる求人市場とは関係のないところでまとまります。優れた人材の多くは職探しなど決してしないからです。そのため、そういう人材を探し出して口説く必要があります。でも私は部下を管理する仕事から解放されるので、スカウトに、つまりネットワークづくりに専念できるでしょう」
「うん、よくできた。ただ、一つだけケチをつけさせてもらうよ。最後の言葉は余計だな。僕に言わせれば『スカウト』と『ネットワークづくり』は別物だ。昼食会に1000回出かけたところで、優秀な部下にも有能な上司にも決して巡り合えない。名刺を5000枚集めることはできるかもしれないが、忙しくなりすぎて、部下を探しに行く時間がなくなるだけだ。コネを広げるとか、電話1本でブロードウェイのチケットが手に入るようになるとか、そんなことに僕は興味がないね。きみがそうしたいというのなら、どうぞご自由に。だけどスカウトのプロセスは、単に大勢の人と知り合いになることじゃない。優秀な人たちの仕事をよく知ることなんだ」

「さて、もうちょっと先まで考えてみよう」。マックスが言った。「優れたスカウトは、いろんな現場を見て、大勢の有望な候補者に会おうとする。そのためには、さまざまな人と一緒に仕事をするというのも一手だね。この場合、年を重ねるほど有利になる。優れた人材を探し続け、連絡を絶やさずにいればの話だけどね。才能豊かな人は互いに何度も一緒に仕事をすることになるものだが、その話はあとにしよう。

きみのような立場の人が優秀な人材を見つけるには、ほかにもいろいろやり方がある。それに、ほしいのは若者なんじゃないかな。有能な人はあっという間に昇進してしまうし、そうなってからでは自分のもとに入れるのは難しいしね。そこでできるのは、研修生を採用することだ。大学で教えるのもいい。僕の知り合いにも大学で教えている職業人が何人かいる。若者から刺激を受けるためだけでなく、若く優秀な人材を見つけるためだ。

この方法は、我らが詩人、ジョン・ジェンゼールも使っている。彼があまりにもたくさんジャーナリストの卵たちを採用してしまうものだから、大手新聞社の社長が学生部長を訪ねて、『ジェンゼールの残りものにはほとほとうんざりだ』と愚痴をこぼしたそうだよ。

大学といえば、ダラスにあるマーケットプレース・ミニストリーズという会社は、一歩進んだことをした。実に素晴らしい会社だよ。全国の企業に牧師を派遣しているんだ。所属する牧師は、500人くらいかな」

会社に宗教を持ち込むのはどうかと思う、と私は言った。しかし、マックスの話の主旨は別のところにあった。

「きみの言いたいことはわかるよ。でもちょっと違うんだ。創立者のギル・ストリックリンは空軍付きの牧師をしていた人でね、この会社は特定の宗教とは全然関係がない。ねらいは、オフィスや工場に本当の意味で話し相手になる人をおくこと。だけどこれが奏功して、社員の中には年収が10万ドルも下がるというのに、ニューヨークの広告代理店を辞めてやってきた人もいるんだ。まさに人を惹きつける職場だね！

それはともかく、話を本筋へ戻そう。僕が言いたいのは、創立者のギルは大学で講義するよりすごいことをしたってこと。ダラスにある大きな神学校に力を貸して、企業付き牧師の修士課程を開設したんだ。これは、僕の知る限り、世界初だね。目指したのは、さっき言ったねらいを広めることだったんだが、思いがけない副産物がもたらされた。次から次へと優秀な人材が会社に集まってくるようになったんだ。彼が作成に協力した大学院のカリキュラムは、社員になりそうな人材を見出し、教育するものだったわけだ。

学生はみなギルの会社で研修生として働く。だからギルは学生たち全員の仕事ぶりを見られる。事実上、ギルは自分の会社で働く優秀な人材を育てることになる。しかも、育ててもらうほうがお金を出す」

私がすぐに言葉を返さずにいると、マックスはさっさと話を続けた。

「オーケー、わかったよ、きみには大学院の新しいカリキュラムをつくるような力はないって言いたいんだろう？　本当に力がないかどうかはわからないが、仮にそうだとしよう。こう考えてはどうかね。大学の教授は学生に、実社会の事業に携わってもらいたいと思ってる。きみのほうはなんらかの仕事をただで、あるいはただ同然でやってもらえる。新入社員になるかもしれない学生と一緒に作業もできる。仕事に対する学生たちの姿勢も見られる」

「それなら電話1本でできます。去年、ある教授からアプローチがあったんですが、返事を延ばしているんです」

「返事の電話をかけるときの25セントは、僕がもつよ」。マックスが皮肉めかして言う。

「あるいは、一時的に雇ってみるという手もあるね。一時雇用の経営幹部だっている時代だし、社員としてじっくり試せるだろう。パートで働く社員には、もっと上のポストにつく一方で、訓練生という意味合いを持たせられる。

僕の知ってる幹部の中には、事務職にパート職員を多く使いたがる人がいる。たとえば、ミネアポリスにあるインフォメーション・マネジメント・システムズ社のブライアン・シュタウニングのようにね。

これは、フルタイムの社員を雇うほど仕事が多くないからではなく、優秀な社員を見つけるチャンスがほしいからなんだ。

そういう人材が見つかったら正式に採用して、ほかのポストのために教育するんだよ。

そうだ、もう一つ、スーザンとバリーのブルックス夫妻の話をしておかないと。夫妻はクッキーズ・フロム・ホームというギフト専門の通信販売会社をやっている。パートの現場監督を雇うためにバリーが面接をしていると、年配の男性が現れた。スーザンいわく、マルクス兄弟のグルーチョみたいな顔だったそうだ。どうやら、会社の役員を引退したものの、一日中家にいるのがいやで、仕事を探していたらしい。名前はヴィンス・チッカレッリ、企業立て直しのエキスパートとしてニューヨークで活躍していた人だった。

スーザンとバリーは、彼が応募してきた仕事、つまり製造現場の監督としてではなく、経営のアドバイザーとして彼を採用した。たちまち2人は彼のビジネスセンスに惚《ほ》れ込んだ。バリーは正社員になってもらえないかと頼んだが、チッカレッリはやはり隠居生活に戻ろうと思う、と言ってその話を辞退した。そしてスーザンのオフィスに行き、自分の決心を話して、別れを告げた。

ところがスーザン・ブルックスは、ノーと言う相手に対してあっさり引き下がるような人間じゃない。チッカレッリが話をしている間に、部屋を突っ切ってドアを閉めると、その前に両手を広げて立ちはだかった。

『ここから出ることはできませんよ。1日に1時間でも10時間でも、とにかくうちで仕事をすると言ってくれない限り、この部屋から出しませんから。私たちにはあなたが必要なんです』

それを聞いたチッカレッリは、そっくり返って笑ったそうだ。そのときのことを、スーザンはこんなふうに言っていた。『あのときわかったんです。彼が必要としていることを私はしてあげられる、つまり、彼を必要としてあげられるって』

この話はここからが面白い。スーザンはチッカレッリに、勤務条件は自分で決めてください、あなたの希望どおりにしますから、と言ったそうだ。彼は後日こう申し入れた。毎日3時に、金曜は正午に会社を出たい。さらにこうも告げた。会社のオーナーである2人に、自分の監督下に入ってもらいたい、とね。『いつでも好きなときに私をクビにしてくれていい。ただ、きみたちには私の下で働いてもらいたい』

スーザンとバリーは承諾した。それはつまり、2人がほんものと言うべき優れた上司だということだ。この決定は正解だった――チッカレッリが来る前はちっとも伸びなかった会社の収益が、それから3年で倍増したんだ」

マックスの話を聞きながら、私は、これまで自分がやってきた雇用に対する試みと、スーザン・ブルックスやルー・ホルツたちのそれとでは雲泥の差ではないかと、打ちのめされる思いだった。彼らに比べ、私がやってきたことはいかにも冷淡だった。人間味がないだけでなく、自己中心的だった。部下たちが人生に何を求めているかなど考えもせず、いくら給料を払えるかを示すだけだった。ありきたりのやり方に従っていたために、私はこれまで、定年退職した逸材に出会ったことがなかった。まして、そういう人材にふさわしい仕事上の関係を築こうとしたこともなかった。

　マックスは、話をやめて私の顔をじっと見た。「なんです？」と私は聞いたが、内心、集中力が足りないぞ、などと怒られるのではと覚悟していた。しかし彼は、懸命に何かを思い出そうとしていただけだった。

「うーん、ぜひ話したい実例がほかにもあったんだがなあ」と顔をしかめる。「そうだ、思い出した。僕の好きな話でね、もし少し賭《か》けをしてみる気があるなら、きみも気に入るかもしれない。それは、難ありの人材アプローチといったところかな。ふつうは雇われないだろうけど実はすごく優秀な人、本当ならもっと高い評価を得ているはずの人を採用できることが、たまにあるんだ。

　僕が雇ったある人は、会社をクビになり、妻に出ていかれて、ひどく落ち込んでいた。アルコール依存症も抱えていた彼に、僕は言った。『もし依存症を克服できたら、うちで採用しよう』。彼にはそういう希望の光が必要だった。やがて彼は立ち直り、以来ずっと僕のところで働いてくれている。頭も切れるし、同志としてこんな申し分のない人はいないよ。

ある大手企業では、『最強の逸材』をずらりとそろえている人に会った。集めるのはいたって簡単ですよ、と彼は言っていた。トラブルメーカーを引っ張ってくるんだそうだ。扱いにくくて、ほかの管理職の人間が持て余すような人たちをね。彼は自分の部署を問題児の職場にしたわけだ。でも彼にとっては扱いづらい人々ではなかった。管理なんかしようとせず、自由にさせていたからだ。そして彼らは目を見張るような業績をあげてくれた。この人も、巨大な官僚制組織の中間層にいながら、難ありの人材を自分の役に立つ存在へ変えたんだ」


私たちは、以上のような戦略を、実際に私が雇用をする際にどう役立てられるかについて話し合った。その話し合いもそろそろ終わりかと思ったとき、マックスが、最後にもう一つ大事な話がある、と言い出した。

「ガラスの溝を抜け出して、スカウトとしての考え方を身につけるのはたしかに大切だ。

そうなれば、有能な人材を探して見つけ出せるようになるだろうし、ときには向こうからひょっこり現れてくれることもあるだろう。ただ、どちらにしても、パイプラインをきちんと引いておかないといけない。一方で、だれともパイプラインでつながっていないときに、緊急にだれかをスカウトして雇わなければならないという状況もある」

そしてマックスはジョン・キルカレンのことを話し始めた。パソコン関連の入門書シリーズ、『基礎の基礎 *For Dummies*』で大成功を収めた出版社、IDGブックスのCEOだ。「会社が軌道に乗り始めたころ、ジョンは財務に長けた人材を雇いたいと考えた。けれど調査会社に依頼するのではなく、業界最大の代表者会議のトップに電話をかけてこう尋ねた。『出版界で財務にいちばん詳しいのはだれでしょうか』。答えは『スティーヴ・バーコヴィッツだろうね』。そこでキルカレンはそのトップに頼んで、バーコヴィッツに伝えてもらった。『紹介したい人物がいるんですが』と。

会議の日、キルカレンは午後に休みをとって、バーコヴィッツとゴルフをする段取りをつけた。キルカレンはゴルフなどやったことがなかった。それどころか、コースに出るには許されないジーンズ姿だったために、会議のときにはいていた麻の3つ揃いのズボンでプレーする羽目になり、おまけにそのズボンを台無しにしてしまった。

だけどキルカレンは、たとえ物笑いの種になろうが、進んでゴルフをしようとした。4、5時間を一緒に過ごして、バーコヴィッツのことをよく知るため、そして相手に気づかれないよう面接するために。2人は意気投合し、頃合いをみてキルカレンは彼を口説き始めた。

そしていちばん難しいのは、バーコヴィッツと妻を——特に妻を——ロングアイランドから離れさせることだとわかった。そこでキルカレンはわざわざニューヨークへ飛び、レンタカーを借りて彼らの家まで行った。そうすれば、直接2人と話をし、『ちょっとカリフォルニアを見に来ませんか』と説得できるからだ。結局、夫妻は彼の説得に応じ、その誘いにも応えることになった」

マックスは言葉を切り、笑みを含んで私を見た。いまの話がためになったことを、私の表情から読み取ったらしい。ほかの例も話してほしいと頼むと、今度は私立探偵紹介所の所長、ルロイ・クックの話をしてくれた。

「早急に人を雇う必要が生じて、クックは新聞広告を出すことにした。もちろん、ほんの、ものの上司だからありきたりな広告は出さない。過去にはそういう広告を出していたが、応募者たちの質にがっかりさせられてしまったんだ。そこで彼はこんな広告を出した。見出しは『求む、スーパーマンまたはワンダーウーマン』。そして優れた人材の資質を下に並べた。応募者の数は多くなかったけれど、きわめて質の高い、興味深い応募者に会うことができた。実際、その広告を読んだ人は、切り抜いて、有能だと思う人たちに渡したそうだよ」

マックスはさらに話を続けた。

「もう一つ、これに似た例がある。印刷会社のロン・ウォルターズの話だ。新しい部下のために自腹を切って給料を払ったって、さっき話したね。あるとき臨時に人が必要になって、人材派遣会社に電話してこう言った。『凡人はいらない。卓抜した人をよこしてくれ』。するとそのとおりの人材が来た。頼んだだけで手に入るなんて、ちょっとびっくりだけどね。

その派遣社員の女性は町に引っ越してきたばかりだった。一流と言える部下で、彼女自身そのことを知っていた。だから派遣社員として働いて、会社をじっくり調べてたんだ。彼女はロンが優れた上司であることを見抜いてこう尋ねた。『この会社に正式に採用していただくにはどうすればよろしいでしょうか？』。これは部下のほうがイニシアチブをとったいい例だ。たまには優秀な人材が天から降ってくることもある、という例でもあるね」

「大切なのは、そういう人材が降ってきたとき、それにちゃんと気づくことですね」

マックスがうなずいた。

「ときにはちらっとしか見えないこともある。ゲーリー・ラニガンの場合がそうだ。造船会社でマーケティング部長をしていたとき、彼は受付の前を通りかかって、一人の女性が受付係に話しているのを聞いた。この会社が急成長していることを新聞記事で読み、自分に合う仕事があるかもしれないと思ったんです、とね。しかし受付係は、まるでベッドカバーの端をきちんと折り返すように、丁重に断った」

その言い回しに私が笑うと、マックスは、P・G・ウッドハウスがよく使う表現なんだよ、と言った。

「ともかく、受付係はその女性を追い返してしまった。しかしラニガンは彼女の独創性を見抜いていた。型通りのやり方に頼らない人間だと気がついたし、優れた社員は型にはまっていないことも知っていた。ラニガンは帰りかけていた女性を呼びとめ、彼女が20年間、子育てのために仕事から離れていたが、また働きたいと思っていることを知った。結局、ラニガンは彼女を採用し、受付の仕事につかせた。

つまり、こういうことだ。スカウトとはどういうものかを知り、部下を吸収・合併する計画を立て、常に心を開いておくこと。古いやり方でもときには掘り出し物が見つかることもある、と期待してね」

私はうなずいた。早く実行に移したくて仕方がない。月曜日が待ち遠しかった。オフィスに戻ったら、魅力ある職場のアイデアを練り、優れた部下の候補者リストを作り始めなければ。

「話したいテーマがあと2つある。それがすんだら、仕事の話はおしまいにして、観光しよう。次の話題は――」。マックスは身を乗りだし、わざとらしく小声でささやいた。

「しーっ、『隠し技』の話なんだから」

第6章

離職率が20パーセントの企業のほうが10パーセントの企業よりずっと健全な場合もある。

私たちはしばらく話を中断してキッチンをきれいに片付け、それからパティオに移った。スズメが木々の枝から枝へ飛びまわり、葉の間から差す木洩れ日が暖かく降りそそいでいる。マックスが次のレジュメを差し出した。

5．優れた上司は、部下が辞めようなどと思わない、特別な職場環境をしばしば築く。
一方で、部下に価値ある転職をさせ、解雇という「隠し技」の達人になることも少なくない。

めずらしく憂鬱《ゆううつ》そうに、マックスが言った。
「僕が聞いた限り、部下の離職と解雇に対する考え方は、ほんものと言うべき上司たちの間でもかなり意見が分かれるところだ。彼らの半数以上は、部下が離職するという経験を何度もしているけど、なんとも思ってない。むしろ歓迎していて、自分のほうから仕向けることさえある。部下の多くを手放してしまうんだ。でも、部下に離職されたと言ってもいい上司も、3分の1くらいいる」

「部下が離職しないほうが優れた上司らしい気がしますね。なにしろ、賢い上司は賢く部下を選択し、おまけに辞めたいなんて思わせない魅力的な職場環境をつくるんですから」

「たしかに。でもそれと対立する論理もある。優れた上司は基準を高く設定するが、それに達しない部下が多いことを認めている。それに、そんな高いレベルで仕事をすると身も心も疲れ切って、もっと楽な環境を選ぶ者も出てくる。その結果、かなりの人数が辞めることになる」

「あるいは」と私は口をはさんだ。「スカウトの仕方がまずかったのかもしれませんね」

マックスがにやっと笑ってうなずいた。

「そのとおり。仕事ぶりをじっくり見てからではなく、直感で人を採用すると、失敗するだろうね。いずれにしても離職については考え方が2つある。企業によっては、採用や教育にかかるコストだけを考え、離職率は低いほどよいとする。

でも、適切な離職はきわめて健全だと言えるだろうね。高い基準を設定し、優秀な社員には報奨を与え、その結果、毎年20パーセントの人間が辞めるのなら、その会社は大いに伸びるだろう。昔、元ＮＦＬ選手のジョー・ネイマスが書いた本のタイトルのような感じかな。『明日になるのが待ち遠しい……日々自分がいい顔になっていくから *I can't Wait Until Tomorrow... 'Cause I Get Better Looking Every Day*』（未邦訳）」

マックスはしばらく横道にそれてネイマスの話をしたあと、本題に戻って言った。

「会社が三流だとか、職場環境が最悪だという場合、さっさと辞めるのはいちばん優秀な社員だ。これは人数的にはわずかだとしても、損害は計り知れない。トップの頭脳流出だからね。結論としては、

離職率が20パーセントの企業のほうが10パーセントの企業よりずっと健全な場合もある

ということだ」

「そういう例が実際にあるんですか」と私は尋ねた。

「健全な離職に関しては、『機能的な離職 *Functional Turnover*』というタイトルでリサーチがなされている。だけどその意味を理解するには、アメリカでも高い評価を受けている企業を参考にするのがいちばんだよ。

たとえば、サウスウエスト航空だ。採用方法に定評があるが、解雇のやり方についてはあまり知られていない。この会社では、最初の6カ月は試用期間で、社員はだれであれ会社の意向一つで解雇される可能性があるんだ。たとえ組合員だろうとね。

それから百貨店のノードストローム社では毎年、販売員の4分の1近くが辞めていく。リーダーたちはそういう入れ替わりを受け容れている。歓迎さえしているかもしれない。自然淘汰《とうた》のプロセスだと思っているんだ」

私は話をさえぎり、「そのやり方はどういうところが賢明なんでしょう」と尋ねた。

「ノードストロームでは『実績が評価に直結する』と言われている。販売員の収入はほとんどが歩合給だし、がむしゃらに働くことが求められているから、ついていけない社員は自分から辞めていくんだ。実際、1人なり2人なり本当に有能な社員がいるメリットは、こちらから解雇する必要がなくなることだろうね。

造船会社の重役ゲーリー・ラニガンを覚えているかね？　ある日曜日、彼は会社に出かけた。大きな展示会に船を出す前日のことだった。工場内を歩いていると、たった一人で仕事をしている社員がいた。アメリカに移住して間もない若者で、船の仕上げをしていたんだ。話をするうちに、ラニガンはその若者が社員としてきわめてレベルが高く、会社が求めるより高い水準で仕事をしていることに気づいた。翌日、彼はその若い社員を大事にするよう、社長に進言したそうだ」

私は、英語をあまり話せない若者が企業のトップ2人から目をかけられるなどということが、いったいどれほどの頻度で起こるだろう、と思わずにはいられなかった。

「その社員はトントン拍子で昇進し、やがてラニガンの会社を辞めて大手の造船会社に入った。でも話はそれで終わらない。中年になり、彼は自分で会社を始めた。辞められた造船会社はあきらめきれず、彼を取り戻したいがためにその会社を買い取ったそうだ。これこそ、ほんものの部下だよ。その社員のどこがそんなに素晴らしかったのかとラニガンに尋ねると、すべてにおいて基準が高いんですよ、という答えが返ってきた。続くラニガンの言葉は、そのとき初めて耳にしたけど、どの職場でも言えることだろう。

『彼が来てからというもの、だれかをクビにする必要がまったくなくなりました。最高のものを求めない社員はみんな、恐れをなして辞めていきましたから』」

私がその言葉の意味をきちんと理解できるよう、マックスは少し間をおいた。

「だけど、高い基準があっても、ほかの社員の手本あるいは脅威となるような有能な部下がいても、きわめて多くのほんものの上司が部下を何度も解雇している。そんな上司の何人かに部下をクビにする方法を教わったけれど、驚いたことに、みんな戦力外の部下を辞めさせる名人でね。やり方がとてもうまいから、元部下はその会社とつながりを断とうとしないし、ときには戻ってくることだってある。

ジョン・ジェンゼールは、マイアミ・ニュースを辞めたときのことを話してくれた。職場のみんなが開いてくれた送別会に、彼がクビにした部下のうちの7人が出席したそうだ。きみの不幸を笑いに来たんじゃないのかねと聞くと、ジョンは笑って言った。『違いますよ、僕の幸せを願って来てくれたんです。僕がどんなときも彼らの幸せを願い、彼らを助けようとしていたことを、みんな知っていたんです。僕は部下たちの誇りを傷つけたことはありませんし、うまくいっていないことを自覚できていない人間を辞めさせたこともありません』

具体的にどうするのかと尋ねると、会社のある方針に背き続けた女性のことを話してくれた。彼はその女性と話をし、諭し、きついことも言った。最後には『今度こういうことがあったら、辞めてもらわなくちゃならない』とも言った。その今度が来てしまったとき、彼は残念そうに告げた。『きみは大切な部下だが、これで終わりだ』。それは十分予期された事態だったし、感情的になることはなかった。その後ジョンはこれからのことを彼女と一緒に考え、新しい勤め先を探すのを手伝ったそうだ。

ジョンは、クビにしなかった人の話もしてくれた。『年配の部下がいましてね。正真正銘の紳士で、70歳に近かったと思います。会社にはいわゆる定年というものはなかったんですが、彼はもう年でした。もっとしっかりした人を代わりに入れるべきだということは、僕にもわかっていました。けれど彼には1匹の犬のほかに家族がなかった。仕事と犬、それが人生のすべてだったんです。彼に解雇を申し渡すことはできませんでした。クビにしてだれかほかの人を入れるべきだったか。答えはイエスです。それで人として真っ当だと言えたか。断じて、ノーです』

この話から、会社が文化として解雇にどんな意味を持たせているかがわかるね。僕はほかにも、健康や家族のこと、あるいはアルコールや薬物への依存症などで苦しんでいる社員を、放り出さずに助けようとする会社をいくつか知っている。仕事と犬がすべてだったというさっきの話を、アルバカーキでライターをしているトニー・レスにしたことがある。するとトニーは、前に勤めていた新聞社の社長のことを話してくれた。

『社員の中にアルコール依存症の人がいたんですが、ときどき酔いつぶれてしまいましてね。床に寝ているその人を、みんな何度またいだことか。でも社長はクビにしなかった。きっと立ち直ってくれると、変わると思っていたんです。そういうところも、みんなが社長を好きだった理由の一つです。社員のことを親身になって考えてくれるんですよ』」

マックスが言葉を切って肩をすくめる。いつも思うのだが、どうもマックスには似合わないしぐさだ。

「もうずいぶん前の話だから、いまでもそういうことをする人がいるかどうかはわからない。

それに、この考え方にも対立する意見がある。本部をトレーラーハウスに移したＣＥＯのラリー・トリーは、こんなことを言っていた。『業績の悪い社員に警告するのも、優秀な社員に報いる方法の一つですね。みな、上の連中はちゃんと気づいているぞ、と思って気を引きしめる。並の出来を見逃していたら基準が下がってしまいます。そこそこやっていればいいや、ということになってしまうんですよ』」

マックスは静かな口調で話を続けた。

「テレダインのケン・ドナヒューは沈んだ面持ちで、解雇が『社員管理の重要なツール』になりうることを認めた。彼が言いたいのは、

解雇と採用を利用して新しい基準を設定できる、つまり自分の目指すものを部下に伝えることができる

ということだ。3年間伸び悩んだ売上げが、営業所長を替えたら、60パーセントも伸びたそうだ。ドナヒューは言った。『みんな頭がいいから、こういう実績や勤勉さを持てば報われるんだな、と気づきます。辞めさせられた人を見て、あの程度の実績や勤勉さではだめなんだ、とも思うでしょう。解雇は、会社が望むものを社員に理解させるプロセスの一部なんです。クビになった人を見て、その人が何をしてきたかを知る。逆に新たに採用された人を見て、その人がどんなことをしているかを知る。やがて聞くまでないことになります。わかるというか、感じるんです。会社が一体何を望んでいるのかを』」

「つまり」と、マックスは身を乗り出した。「いま言ったような上司は、解雇の必要性を受け容れているわけだ。でも、だからといって、すぐに辞めてもらうわけじゃない。ケン・ドナヒューが言うように、『たやすくクビにできる場合、その判断はたぶん間違っている』。もし簡単に解雇できるなら、それはその人のことをきちんと考えていないってことなんだ。

ドナヒューはこうも言っていた。『社員は知りたがります。辞めなければならないとして、この先家族を養っていけるのか、新しい仕事を探す時間はあるのか、ということを』。敬意をもって人に接することで、もう一つ別のメッセージを伝えられると、彼は考えているんだね」

ここでマックスはいつもの調子に戻り、椅子の中で跳ねて、こう続けた。

「アンジェロ・ペトリッツリは、解雇する部下には時間を与えるだけでなく、支援の手も差し伸べる。『まず、こう伝えます。きみが最善を尽くしたのはたしかだが、きみは自分に求められているものがわかっていなかった、と。それから長所と短所に気づいてもらい、さらに私の人脈を使って職探しを手伝います』。彼は『ときどきヘッドハンターになった気がします』とも言っていた。上司が部下に与える時間や気配りは、上司自身に返ってくる。去ってもらう人たちを敵にまわすのではなく、彼らと同盟を結ぶわけだから。

ノーム・ブリンカーはこう言っていた。『心を配れば、質の高い人材を惹きつけることができます。勝者は勝者を、リーダーはリーダーを引き寄せるんです。でもときには、成果を出せず、去ってもらわなくてはならないことがあります。そういう場合は、気配りと思いやりをもって事に当たらなければなりません。次の職場ではもっといい仕事ができるように、手助けする必要もあります。いつだったか、私が解雇した部下の多くがいまでは常連客になっているので、店長の一人がこんなことを言っていました。もっと部下を解雇してください、売上げが伸びますからって』」

マックスは、解雇された部下が再び採用された話もいくつかしてくれた。特に詳しく語ってくれたのは、部下が2、3度自分のもとを去ったことがあるというほんものの上司たちの話だ。そういう部下たちは、上司から離れて何か新しいことに挑戦し、元上司のありがたみを感じ、充電して戻ってくるのだという。ここで私は口をはさみ、自分の経験を話した。

「優れた上司の仲間に意地でも入れてもらおうと思って言うわけではありませんが、あの場合、私のしたことは正しかったと思います。

ある市場調査会社の部長をしていたころ、部下の中に若いコロンビア人女性がいました。その女性が急に、仕事への熱意をなくし、ぼんやりするようになりました。期日を守るといったことも、できなくなってしまいました。恋に落ちていたんです。キューピッドに彼女を奪われてしまったわけですが、けっこうなことじゃないかと思っていました……初めのうちは。けれど数カ月経っても、彼女は仕事に対する意欲を取り戻さなかった。何度も話し合いましたが、結局彼女を解雇せざるを得なくなりました。

なんとか私の気持ちが落ち着いたのは、解雇が会社にとって、おそらくは彼女にとっても最良の選択だったこと、環境の変化で彼女が立ち直ったことがわかったときでした。彼女がしっかり仕事をしている様子は、共通の友人から聞きました。半年後、私はもう一度彼女を雇いましたが、彼女は再び、私にとっても会社にとっても欠かせない存在になりました」

きみがその経験から学んだことは、ほんものの上司たちも学んでいるよ、とマックスが言った。

「『彼女を解雇せざるを得なくなった』という表現は適切だね。ほかに選択肢がまったくなく、上司や部下や同僚のだれもが納得できているなら、そのときがベストのタイミングなんだ。でも解雇するからといって、上司と部下の同盟を破棄する必要はない。保留にすればいいんだ。上司と部下の同盟を再編成する方法はあるし、この同盟は一生続くことも珍しくないんだよ」

マックスの話は、「からみ合うキャリア」へ移った。

「知ってのとおり、僕は、終身雇用だの、昔ながらのピラミッド型組織だのは好きじゃない。それでも、古き良き忠誠心が消えていくのを見ると悲しくなる。特に、その代わりに出てきたものを考えるとね。何が取って代わったんだろう？」

彼が私の答えを待っていることに気づくのに、少々時間がかかってしまった。

「私利私欲、それに駆け引きですね」

「そう。僕たちは、終身雇用の代わりに発見の喜びを持つのではなく、廃れゆくことへの不安感を持つことになった。だからこそ、同盟によって精神的な満足を得ることができる。永遠の関係を築けるからね。単なる友だち関係なら一時的ということもあるだろうけど、同盟関係は何があっても壊れることはない」

そして、次のポイントを記したレジュメを差し出した。

6．ほんものの上司と部下の同盟は有能な者同士の結びつきであり、その絆はしばしば生涯続く。

「ディック・ルースというコンピューター・エンジニアがいる。アトラス・ミサイル誘導システムをはじめ、革新的な技術プロジェクトをいくつも手がけた人だ。長いキャリアを振り返ってみると、同じ人と組むことがたびたびあった。彼は言っていた。『全米に、いえ世界中に、一匹狼仲間がいるんです。お互い、いろんなところで出くわしますよ』

『一匹狼仲間』というのは、彼が考えた言葉だ。群れるのが嫌いな人たちの連合体というところかな。これは、上司と部下の同盟関係にも通じるものがあると思う。彼らも、契約こそしていないが、有能な人たちの連合体に入っているようなものだから」

マックスが身を乗りだし、勢い込んで言った。

「コンピューターのシステム・エンジニアをやっているアーノ・ライトが話してくれたんだけど、『からみ合うキャリア』の例が僕の記憶の中に……僕には写真みたいに正確な記憶力があることは話したっけ？」

「記憶の即日プリントサービスはもうおしまい」。くすくす笑って、私は言った。「でしょ？」

マックスが片目をつぶってみせた。ウィンクが自然に見える人はあまりいないが、彼も例外ではない。

「ともかく、こんな話だった」

マックスは紙を1枚取り出して、そのプロセスを書いた。彼が口頭で説明したことは、( )をつけて書き加えておこう。込み入ったプロセスを正確にたどることは重要ではない。ただ、こんな複雑なプロセスがあるという事実を受け容れさえすればいい。

ステップ1

- ライトがアメルコ（トレーラー・トラックのレンタルサービス会社、Uホールなどの親会社）に入社する。部下を管理するのは初めてだが、しっかりした部署づくりを始める。
- 社員Aの後任となる。
- 次いで、部下Bを引き抜く（社員Aの強い勧めにより）。
- さらに、部下Cを採用する（社内公募により）。

ステップ2

●部下Bがマイクロエイジ（『フォーチュン』誌の売上げ上位500社にあげられるコンピューター販売会社）へ移り、部長に昇格する。

●部下Bはその後すぐに、ライトを別の部署の部長として迎えるようマイクロエイジを説得する。

●ライトがマイクロエイジへ移り、すぐに部下Cを迎え入れる。

ステップ3

●部下Cがマイクロエイジの取引先の会社に移る。

ステップ4

●ライトと部下Cが、それぞれの職場を辞める。そして2人でドルフィン・システムズという会社を興す。

書き終えて、マックスが言った。

「きみの状況に大いに関係のある話を、ここでしておこう。実は、ライトが部下Cを採用することはまったく歓迎されていなかったんだ。ライトがアメルコに入社したとき、彼の部署に入りたいという社員が何人かいた。その中にだれの目にも適任だと思われる社員が一人いてね。きわめて優秀で、技術的にもずば抜けていて、昇進が約束されている社員だった。経営サイドから見ても、選ばれるのはその人しかいなかった。

だけどライトはほんものと思われる別の社員に目をつけていた。だれの目にも適任だと思われる社員に比べ、技術面での知識や経験はかなり劣っていたけれど、人間的な魅力や独創性や熱意は上回っていた」

両手の人差し指を立ててマックスが言った。

「経営サイドは前者にしろと言ったが、ライトがほしいのは後者だった。そして、採用プロセスの結果を経営サイドが気に入らないなら、プロセスそのものを変えてしまおうと考えた。彼は新たにもう1段階加えることにし、2人の決勝進出者を呼んで、仕事上ぶちあたるかもしれないさまざまな難題に関して『もしこういうことが起きたらどう対処するか』

というテストを受けさせた。シナリオは慎重に選び、経営サイドが推す社員のスキルより、自分がほしいと思う社員の能力のほうが有利になるように配慮した。そうやって、後者も優れた志願者であるという証拠を集めた」

それから彼はこんな説明をした。

「きわめて強くからみ合ったキャリアの例は、専門職によく見られる。優秀な人材が限られているせいだね。だけど同盟はどんな分野にも存在するし、いったん離れてまた結びつくこともよくあるんだよ」

マックスは、前にも話にのぼった、弁護士のナンシー・ロフティンの例をあげた。アリゾナ・コーポレーション・コミッションの証券部門で仕事をしていたとき、彼女はロースクールを出たばかりの若者を新しいスタッフとして採用した。彼を見込んだ直感は正しかった。育児のために彼女が職を退いたとき、その若者が昇進して彼女のポストについたのだ。

後にロフティンが仕事に復帰すると、彼は自分の部下として彼女を採用した。その後、2人ともコミッションを辞めた。そして、彼はサンフランシスコにある大手法律事務所に入り、一方ロフティンは大手公益企業APSの主席法律顧問になる。しばらくして彼がロフティンを訪ね、法律事務所の仕事に失望していることを打ち明けた。彼女は職場に欠員が出るとすぐ彼に声をかけ、彼はその誘いを受けた。

マックスはほかにもさまざまな実例を話してくれたが、ほとんどが恐ろしくややこしい話なので、ここで取り上げるのはやめておく。ただ、彼の話を聞きながら、そのような同盟については耳にしたことがあるのに、自分が深く考えようとしていなかったことに気がついた。

たとえば、リチャード・カルヴェッツリ。広告代理店のクリエイティブ・ディレクターで、「あなたの心遣いが大好きです……トヨタ」や「安心を、どんな形でつくりますか」といった優れたCMを手がけた人物だ。共通の友人スティーヴ・パッチェンの仕事について、カルヴェッツリは話してくれた。カルヴェッツリは3度勤め先を変えたが、そのたびにパッチェンを雇うよう新しい会社に熱心に申し入れたという。気のおけない人間に近くにいてほしかっただけでなく、古いつきあいのパッチェンなら、本当にクリエイティブな広告を作るための環境をきっと整えてくれると信頼できたからだった。

マックスはこう言って話を締めくくった。

「『からみ合うキャリア』に関するこうした話からわかるのは、上司を選ぶことがきわめて重要だということだ。会社を選ぶより重要な場合もけっこうあるし、ひょっとしたら職業を選ぶより大切かもしれない。

僕は仕事を始めて50年以上になるけど、
いつの時代にも変わらないことが一つある。
それは『チャンス』に対する、
おおかたの社員の考え方だ。

彼らはきわめて狭い視野で仕事のことを考える。給料や肩書きや、でなければ手当ての額でその仕事を評価するんだ。少し視野を広げて、会社や業界のことを考えることもなくはない。でもそれだって、『フォーチュン500に入っている会社だ』とか『これで銀行業界から抜け出せる』といった程度の、表面的な分析でしかない。

上司選びが職場選びの要因になることなど、彼らにはまずないね。ほんものと言える上司のもとで仕事をしたことがなければ、だけど。戦後のピラミッド型企業では、それは当然のことだった。社員は組織の中をあちこち異動させられ、大勢の上司につく。1年に何度も変わることもざらだった。でもいまはもう違う。有能な人の場合は特にそうだ」

「ほんものの上司を選べば確実に能力を伸ばしていける。
そして、自分が仕事をしていくうえで
大切な役割を引き受けてくれる、
生涯の同志を得られるんだ」

続くマックスの言葉は、特に肝に銘じておくべきものとして私の心に響いた。

「最新の万能薬、つまりやたらと叫ばれている『ネットワークづくり』のことを聞くと、多くの人が当たり前のように、業界団体や親睦クラブでする退屈な名刺交換みたいなものだと思ってしまう。だけど、もし名刺交換に費やすエネルギーを元上司や元同僚との関係を維持することに使ったら、もっとたくさんのチャンスが生まれると思うな。

組織の中にいる人はだれも、去っていった人間のことを覚えていない。そんな傾向が、いまはある。辞めた人はまず非難され、それから忘れられてしまうんだ。去った人も、あとに残っている人たちのことなんか思い出すこともない。だけど、本当に優れた上司は本当に優れた部下のことを決して忘れないし、連絡も絶やさないものなんだ」

私はマックスが話していたデイヴ・リドリーのことを思い浮かべた。サウスウエスト航空のマーケティング部長で、若い研修生を研修後2年経って採用した人だ。

「一方で」とマックスが言った。「本当に優れた部下は部下で、あらゆる機会を捉え、社内でも業界でも、とりわけほんものだと思える上司が見ているかもしれないところで、自分の有能さをアピールする。同盟というのは、実際に上司と部下の間柄になるずっと前から結ばれるものだ。そして、これまでに話した例からもわかると思うけど、上司と部下の関係でなくなっても、同盟は終わらない。それに同盟はほかの何にも左右されない。家族に似ているね――血ではなく有能な者同士のつながりだ」

マックスは最後に、チャイナ・ミスト・ティーのＣＥＯ、ダン・シュヴェイカーの言葉を引っぱり出した。社員との家族関係を、彼はこんなふうに話したという。

「人々がわが社のような会社に入りたいと思うのは、現実の家族が崩壊しつつあるせいでしょう。スラム街の少年がギャング団に入るのと同じ理由ですよ。少年たちは何かに帰属したいんです。その気持ちは社員たちも同じですが、人生は長い。わが社に退職手当がある所以《ゆえん》です」

第7章

仕事は楽しくなくちゃだめだ。
職場から笑い声が聞こえてこなければ、
きみのやり方は間違っている
ということだろうね。

マックスは革製のファイルの中の書類をぱらぱらとめくり、中の2枚を差し出して言った。

「これまで話してきたほんものの上司とほんものの部下が持つ6つの真実は、新たなキャリア戦略だけでなく、いままでにないリーダーシップのあり方も示唆している。これらの原則を使ううえでの僕のアドバイスを、まとめておいた」

2枚の紙には、次のように記されていた。

● 採用プロセスは、来てくれるのを待つものではない。「ふるいにかけてえり分ける」のではなく、「見つけ出す」ことが必要なのだ。そして、有望な人材を見つけ出したら、口説かなければならない（なんと言っても彼らは一流だ。おそらく、好待遇と高い給料を得ている）。優れた上司なら、とびきりの環境をつくり、それによって優秀な人材の心を鷲掴《わしづか》みにするのだ。

- 面接や紹介状だけで採用が決まることはほとんどない。採用する側もされる側も、そんなものでは本当のところが見えないとわかっているからだ。どちらも、相手がしている仕事と、仕事における人となりを見て、同志かどうかを見きわめたいと思っている。
- 同盟の有益さを考えたら、おそらく、ほんものの上司を得ることのほうが、いい会社に入ったり、いいポストについたりするより重要だ。
- 優れた上司と部下が結ぶ同盟の重要性と、そのような同盟はいわゆる求人市場の外で生まれるという事実をふまえれば、彼らと同様の成功を手にするためには、次のような新しい方法を使うことが必要だ。

——上司は、従来の求人市場にとらわれず、優秀な人材の仕事ぶりを見る機会を増やすべきである。

——優れた上司は、有望な人材を見つけたら、その人を引き抜く巧みな方法を考え出す。引き抜くのに数年かけることもあれば、特別なプロジェクトを組むこともある。ときには、有望な人材を「保管」したり、そのような人材に「見張り役」を立てたりといった、少々変わった作戦を用いることもある。

――一方、部下は、優秀な同志を得るために、社内外を問わず多くの人と仕事をするようにし、自分の「商品価値」を見せ、有能さをアピールすべきである。管理職というのは昔から「勢力拡大」を図ってきたが、ほんものの部下は「支持者拡大」作戦を実行するのである。

要約されたアドバイスを読み終えて、私は目を上げた。

「おかげで――」と言って、マックスがへとへとだよとばかりに椅子にぐったりと座る。「きみに知恵という知恵を絞り取られてしまった。僕の脳みそはすっからかんだ。これ以上は何も聞かないでほしいな」

私はにやっと笑い、質問した。

「とりあえず、何から始めたらいいでしょう」

マックスは体を前後にゆすり、さらに椅子に沈みこもうとする。

「もっと、もっと、もっと。きみの口から聞くのはそればっかりだ」

「会社に戻ったら、部下をみんなクビにして一から始めなくてはいけないんでしょうね」

私はそう言って、マックスの話したいという気持ちをくすぐった。しかし彼はすでに気を取り直していた。私の質問に答えずにいられないのだ。

「わかった、わかった。僕だったらこうするよ。最初にするのは解雇じゃない。少なくとも、いますぐはしない。きみはまだほんものの上司になる努力をしていないんだから、ふさわしい部下がいるなんて期待してはだめだよ。ただ、部下たちにこう言ったらどうかな。みんな、過去ときっぱり決別することになるってね」

「さまざまな試み、ですね」と私は口をはさんだ。試してみることをマックスが重視しているのは、先刻承知だ。

「そう。きみの部署を飛び抜けた職場に、人を惹きつけてやまない職場にする作戦を、10個ほど用意するといい。僕はきみの仕事がどんなものか詳しく知らないから、具体的に何をしたらいいかは言えない。でもいまから言うことは、間違いなくすることになると思うよ。

まず、規則を基準に置き換えること。きみの部署では何があればレポートなりプレゼンテーションなりが高く評価されるのかを、明確にすることだ――質、独創性、スピード、なんでもいい。きみにとっての最高《ベスト》が、きみたちの標準になる。優れたプレゼンの特徴を5つあげて、それぞれに点数をつけておくだけで、みんなの取り組み方が変わるはずだよ。

次に、部下にはっきり伝えること。解決策を求めて私のところに来るな、選択肢を広げる達人になれ、とね。僕なら、『可能性を見せてみろ』をモットーにする。

そして、部下たちに力を貸し、一人ひとりに自分の『ブランド』を育てさせること。得意なものを何か一つ持たせるんだ。典型的な業績評価では弱点に重点がおかれ、その結果、みんなすべての項目について平均点を取るようになってしまっている。だけど、

優れた長所があるから、人は結果を出せる。
強みにこそ焦点を当てるべきだね。

それから、いちばん大切なのは、部下にとって『自慢の種』になるものを職場につくること。何か誇れるものが、職場には必要なんだ。詩の朗読会を覚えているだろう？　きみも『きみならではの詩の朗読会』を見つけるべきだ。それは、ほかの業界の情報を集めて分析することかもしれない。あるいは、部下たちと一緒に社会見学に出かけて他社の様子を知り、いちばん素晴らしいアイデアを拝借することかもしれない。でなければ、よそから講師を招いて、部下のプレゼン・スキル向上についてアドバイスをもらうことかも。どんなことをするのがきみに合うか僕にはわからないけど、とにかくきみは『きみならではの詩の朗読会』を見つけるべきだ。

そして、こうしたいろんな試みをしているときも忘れてはいけない。目標は、きみの職場を『最高の人が働くにふさわしい最高の場所』にすることだ、と」

長い間何も言わずに、マックスは私がメモを取り終わるのを待っていてくれた。彼の言葉を書きとめながら、私は、彼の言ったことはもちろん、ほかにもいくつかの試みを１、２週間以内に実行できそうだと思った。また、こうした試みに積極的に取り組みそうな部下としぶりそうな部下を、見きわめることもできた。それどころか、何人かの怠け者に去ってもらうのがいまから楽しみでさえあった。私はマックスに言った。

「今晩、飛行機を降りるまでに、試してみることのリストを作ります。辞めてもらう必要のある部下がだれかということもわかりました」

「自信過剰は禁物だよ」とマックスが注意した。「とんでもないことをしでかす奴もいるんだから。きみが、再就職の世話のこと、つまり波風を立てずに送り出す方法を知っているといいんだけどね」

「知っていますとも。うちの会社にはよい社内募集の制度もありますし、自分を『再就職の世話係』だと考えれば罪悪感がいくらか軽くなって、基準を高くしやすくなります。やる気のない部下に辞めてもらうのをずるずると先送りすることもなくなるでしょう」

「よくできた。じゃあ、採用については?」

「いまから私はスカウトになります。業界にいる優秀な人材を、片っ端から追い求めようと思います。いえ、業界以外にも手を広げます。優秀な人材が仕事を探してやってくるのを、待ってなどいません。私のほうから出向いてそうした人材をつかまえます」

「完璧だ。じゃあ次は、お手本とすべき人たちに注意を向けてもらいたいな——エージェントとか、フットボールのコーチとか、セールス部隊のリーダーとかにね。たとえば、僕はこの間世話になっている株のブローカーのところへ行って、ついでにそこの所長に会った。そして、トップクラスのブローカーぞろいだという評判だけれど、どうやって集めるのか、と尋ねた。彼はこう答えた。『町のすべてのトップ・ブローカーのことを頭に入れておくようにしているんです。そして、優秀なブローカー、つまりぜひにと思う人材には、こっちの存在を、コーヒーをドリップするみたいに少しずつアピールするんですよ』

具体的には、月に1、2度電話をかけたり、ときどきものを贈ったりするそうだ。『うちに来ないかという話は、私のほうからはしません。ただ、彼らが転職を考え始めたときに、彼らのほうから私にアプローチしてくるようにしたいんです』と彼は言っていた。

最初はドリップするという考えが気に入らなかったが、頭から離れなくてね。この考えから学ぶべきは、これだ。採用したい相手がどういう人間かを知るだけではだめで、自分がどういう人間かを相手に知らせる必要があるってこと。きみが企画する『詩の朗読会』にも、採用したい人たちをときには招待するといいかもしれない」

私は相変わらずものすごい勢いでメモを取っていた。マックスが笑って言った。

「僕たちのなんと真剣なことか。手本にすべき人たちといえば、コロラド大学でフットボールチームのコーチをしている、リック・ノイハイゼルのことを話しておこう。彼は永遠に続く採用方法を編み出した人だ。ノイハイゼルはチームをスキー旅行に連れていったことで非難されたことがあった。選手がケガをしたらどうするのか、ってね。彼は答えた。『選手がケガをすることは別にこわくない。私がこわいのは、選手が楽しみを持たないこと、このチームで過ごす時間をつまらないと思うことだ。私はこのチームでプレーするすべての選手に、自分の息子もここでプレーさせたいと思ってもらいたいんだ』」

がしっとばかりにマックスが私のひざをつかんだ。

「きみの部下の子どもがきみのもとで働くかどうかはわからないけど」。彼が言う。

「仕事は楽しくなくちゃだめだ。職場から笑い声が聞こえてこなければ、きみのやり方は間違っているということだろうね」

「乗りに乗って何かをしているとき、人は目眩《めまい》がするような特別のエネルギーを感じるものだ。そういうこともきみの基準にできるよ——廊下を歩いて、何回笑い声が聞こえたか数えるんだ」

マックスが冗談を言っているのかどうかよくわからなかったが、とにかく書きとめておく。さまざまな人の言葉を集めた本やジョークの本を部署にそろえて、プレゼンテーションにユーモアを取り入れるようにしたほうがいいかもしれない、などと思いながら。それから声に出して私は言った。

「1時間あたりの笑いの回数をプレゼンの基準にするなんてことが、私にできるでしょうか」

マックスはニコッと私に笑いかけた。

「いちばんの山は越えたね。きみはあのガラスの溝を壊したんだ。何をしなければならないか、ではなく、自分にできるあらゆることを考えているんだから」

「もう一つ教えてください」と私は言った。「ほんものだと思える上司を見つけるにはどうすればいいんです？」

「ああ、そうだね。物事はもう一方の面もちゃんと見ないとね。いまここでしているあらゆることによって、きみは異彩を放つ存在になる。いいかい？　ほんものの上司は、スカウトだ。そんな上司にとって、今日からのきみは、これまでよりはるかに、ぜひとも手に入れたい存在になるよ」

「わかりました」と私は答えた。「ですが、ただ待っているだけでいいんでしょうか」

「そうだな、きみは待ってなんかいられないだろうね。僕たちはいままで、きみの部下がレベルアップするにはどんなふうに手助けすればいいか話をしてきたけど、同じことを、きみは自分のためにする必要がある。それは、自分の強みを生かした仕事をし、『自分ならではの詩の朗読会』を見つけること、そして独創的な選択肢を持つ人として知られるようになることだ。自分の仕事をさらに発展させる方法を求めて、社内はもちろん街中、国中、あるいは世界中に目を向ける必要もある。そうすれば、やがてほんものの上司に巡り会うだろう。それと、求められたらいつでも応じられるようにしておくことだ」

「いつでも？」

「ためらうなってことだよ。ちなみに、勤めている会社のどこかにも、ほんものの上司はきっといる」

「実は、なんとかしてこの人のもとで働きたいと思う人が一人いるんです」

「きっと会社のだれもが、同じことを夢見ていると思うよ。だけど実現できるのは、100人に1人かもしれない」

マックスは、私が質問したそうな表情を浮かべるのを見て取ったらしかった。

「あーあ、僕の努力をわかってほしいな」。ぼやくようにマックスが言う。「ずっと、してはいけないことをきみにしてきたのに。選択肢を考えさせるんじゃなく、どうぞとばかりに答えを教えてね。今度はきみが答える番だ。どうすれば、その人に誘いをかけてもらえるだろう」

「まず、その人のことを知る必要があると思います。でも、知るだけではだめですね。私の仕事ぶりを見てもらわないと。その人が関わっている全社的なプロジェクトを探して、うちの部署の代表として加わる努力をしてみます」

「それから？」

「私の部署で何か話をしてもらえないか頼んでみようと思います。部下のためにいろんな人を招いて『ランチを食べながらの勉強会』をやっている人ですし、きっと来てくれると思うんです。そうすれば、私たちが試していることを詳しく知ってもらえます」

「そのとおり。求めれば道は自然と開けていく。ある程度つきあいが進展したら、ド、ド、ドリップしてごらん。そのうち、来ないかと誘いが来るから。僕が出会ったある社員は、尊敬する女性のもとで働きたいと思っていた。２人は同じ会社に勤めていたんだが、彼女のほうが昇進し、ついに社長になった。彼は連絡を絶やさないようにしていたので、当たり前のようにお祝いの電話をした。すると彼女が言ったそうだ。『あなたがそばにいてくれるといいんだけど』。彼はこう返事をした。『そうなることを願っています』。そして２週間後、彼は副社長になった」

「これで全部だ。僕の話はもうおしまい。あとはきみ次第だな」

マックスは椅子に身を沈めた。老いた体に少年の心を宿した人。七十数年分の好奇心からは、英知が泡のようにあとからあとから浮かんでくる。私は、彼との会話が始まったときのことを思い返した。心は重く沈み、こんなふうに思っていた。仕事に意義を見出せるだろうか。もし見出せなかったら、人生にも意義を見出せないんじゃないか、と。

それがいまでは、これからは給料のために働くのではなく、「自分ならではの詩の朗読会」を見つける努力をしようと思っている。弱点を補うより、強みを伸ばすことを考えている。

忠誠心が存在しなくなった会社の中でも、もう孤独を感じることはない。なぜなら私はいくつもの同盟を結ぶのだから。私の心にはぜひ口説きたいほんものの部下と上司――「最強の逸材」たち――がすでにいた。

そんなことを考えながら、私は椅子に腰かけたまま、遠くに生えている背の高いサボテンを眺めた。ふとマックスのほうに目をやると、父親のような顔で私を見つめている。

そのとき、不意に私は気がついた。マックスこそ、ほんものの上司だと。そして、私を向上させ、彼の会社にふさわしいほんものの部下に変えようとしているのだと。

私がにっこり笑うと、マックスはグルーチョみたいな眉をつり上げてみせた。

「車を取ってこよう。へとへとになってしまう前に、もう1カ所寄っておきたいところがあるんだ」

椅子の奥行きが深く、背もたれに角度があったので、マックスは片手を伸ばした。

「起こしてくれ」

私が両手でマックスの手を取ると、彼はもう片方の手を私の手の上に重ねた。彼が立ち上がっても、私は重ね合わせた手を少しの間そのままにする。マックスが例の不器用なウィンクをし、いつものように豪快に笑った。私たちはしばし動かず、ただひたすら結びついていた。

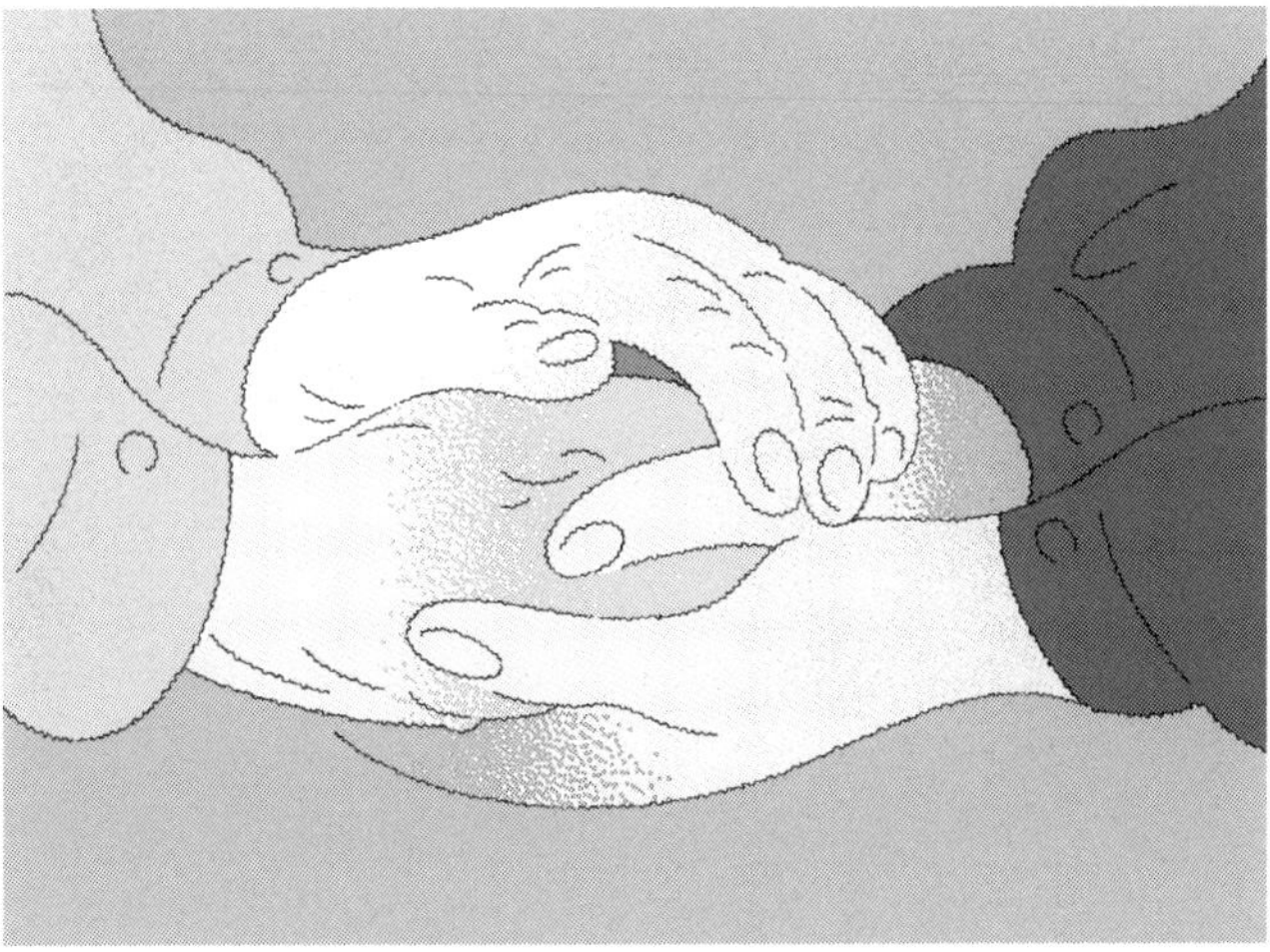

ほんものの上司と部下についての6つの真実

1. 職場において、能力の「シナジー効果」を実現することは可能である。
ほんものの上司とほんものの部下が職場に求めるものは同じだからだ。
   - 自由——管理・凡庸・愚か者からの解放
   - 変化
   - チャンス

2. 優れた上司はただ部下を雇うのではなく、同志を得る。

3. 一流の人材は職ではなく能力を持つ。
彼らが一度(しても一度だ)働く場を求めれば、やがてその能力は見抜かれ、望まれ、獲得される。

4. 有能な上司と部下は、典型的な求職プロセスを逆転させることが多い。
上司が部下をスカウトするのではなく、部下が上司をスカウトするのである。
そのプロセスは、「求人市場」というより「逸材探し」を思わせる。

5. 優れた上司は、部下が辞めようなどと思わない、特別な職場環境をしばしば築く。
一方で、部下に価値ある転職をさせ、解雇という「隠し技」の達人になることも少なくない。

6. ほんものの上司と部下の同盟は有能な者同士の結びつきであり、その絆はしばしば生涯続く。

エピローグ

帰りの飛行機は正午に離陸する予定だった。マックスが言ったとおり、着いてからぴったり24時間後だ。車にゆられながら、私は会社に戻りたくてうずうずしている自分に気づいた。そんな思いを抱くのは、久しぶりだった。

それはともかく、マックスは最後にもう一つ、びっくりするようなものを用意してくれていた。それは、ぜひ職場に浸透させたいと思う、最後の教訓だった。

私たちは空港からそれほど離れていない、新興の工業地区へ入った。マックスは所有する会社の一つに用があってフェニックスに来ていたのだが、インサイトという会社に寄って友人たちに会う約束もしていた。私と会う場所にフェニックスを選んだのも、この会社で行われるイベントを私に見せたかったからだった。

私たちはまず建物を見学した。昨日マックスが話していたとおり、巨大なX字形をしているので、社員は必然的に中央の環状交差路《ラウンドアバウト》に集まることになる。しかしその日の朝は、なぜか社員はほとんど集まっていなかった。見学を終え、私たちは玄関ホールに戻った。すると、30分ほど前に通り抜けたときは閑散としていたのに、いまは何百人もの社員であふれかえっている。そして、理容師が２人、社員の髪を次から次へとバリカンで刈っていた。

実はこういうことだった。幹部社員の一人、ジョン・モスが、ホジキン病（悪性リンパ腫の一種）を克服して職場に復帰することになった。いよいよ2週間後に戻ってくると決まったとき、モスの同僚の一人が若きＣＥＯ、エリック・クラウンのもとへ行き、モスの復帰に合わせて自分たちの部署でちょっと特別なことをしたい、と相談を持ちかけた。化学療法のためにモスの髪の毛は抜け落ちてしまっているので、エリックの許可をもらえるなら、自分たちも何人か丸刈りにしようと思うのだという。エリックは反対するどころか、丸刈りにした社員一人につき100ドルを、会社からアメリカ癌《がん》協会に寄付しようと提案した。さらに、もし丸刈りにする社員が100人に達したら自分もやる、とも言った。

私はリストに名前を書いている若い社員と少し話をした。彼は冗談めかして言った。「これで髪の毛とさよならです……モテモテの生活とも」。そばでは気のきいたことに、青々とした頭が日に焼けないようにと、日焼け止めクリームが配られていた。

しばらくして丸刈り頭の数が100に達すると、さあCEOに髪を刈ってもらうときだとばかりに、大合唱が始まった。「エリック！　エリック！　エリック！」。やがてエリックの番になり、社員たちはすっかり興奮して、辺りをゆるがすような拍手と喝采《かっさい》がわき起こった。エリックの頭がつるつるになったあとも、理容師の前に並ぶ列はまだまだ続いた。最終的に髪を刈った人は192人。うち4人は女性だった。

モスから話があります、とだれかが言った。彼にとってはなんとも妙な気分だろうなと私は思った。数週間ぶりの職場に一歩足を踏み入れたとたん、復帰を祝う垂れ幕と、ずらりと並んだ丸刈り頭を目にすることになったのだから。

モスが同僚たちの前に現れた。黒い目をした30歳くらいの細身の男性だった。社名のロゴ入りシャツを着て、はにかんだような笑みを浮かべている。彼が前に立つと、同僚の間から割れるような拍手がわき起こった。モスは声もなくただ感動し――いろんな感情が胸に渦巻いているのは見て取れた――戸惑ったような表情を浮かべて、一歩前に出た。

しばらくしてやっと感謝の言葉を途切れ途切れに述べたが、ほとんど声になっていなかった。それから仲間たちの間を進んだ。モスがみんなのつるつるの頭に触れ、みんなも彼の頭に手を触れる。すべての人の目が、涙でうるんでいた。

マックスと私は言葉を発することなく、端に立っていた。やがてマックスが私の肩に腕をまわしてささやいた。

「ねえ、きみ。これこそ『非凡なる職場』だね」

胸がいっぱいで、私たちは互いに黙って、空港へ向かった。出発ロビーの前でレンタカーを止め、私を降ろすと、マックスはエンジンをかけたまま降りて、私の背に腕をまわし、肩をぎゅっと抱きしめた。今年のうちに会いに行くと約束し、踵《きびす》を返す。車に乗り込みながら、彼は私を呼び止めた。

「どこへ行けばきみに会えるか、僕にはすぐわかるよ――そこには『最強の逸材』たちが集まっているはずだからね」

そしていつものように豪快に笑った。私は車が去っていくのを見送った。マックスの言葉をきっと実現させるぞと、固く心に誓いながら。

謝辞

本書は最強の上司の英知を集めたものである。彼らはみな実に寛大で、心やさしく、親しみやすい人々だ。もしそうでなかったら、リサーチは決して、これほど楽しいものにはならなかっただろう。

参考文献を書こうとペンをとったが、その必要はないように思う——2、3の短い引用文を除くと、話も事例もすべて、本書のために特別に、あるいは私が書いている新聞のコラム用に行ったインタビューで、ほんものの上司たちが話してくれたものなのだ。

代わりに、執筆の背景をお話ししよう。私の使命は、彼らの話をまとめて、その英知にふさわしい本を完成させることだった。そのための最良の方法として、私は会話形式で話を進めることにした（マーグリット・マクブライド・リテラリー・エージェンシーのキム・サウアーが、厳しくも愛情に満ちた助言をしてくれたおかげだ）。ただ、もしうまく書けていたとしても、本当はきっかり1日で起きたことではないのだと知って、読者のみなさんは少々がっかりするかもしれない。もちろん、「マックス」なる人物は存在する――モデルはロジャー・アクスフォード。大学教授を退官し、いまではフルタイムでちょっと変わった人をやっている私の友人である。見聞きしたことをわかりやすく表現するのに、ロジャーの人物像はもってこいだった。もう一人の登場人物は、私であり、（願わくば）あなたであり――そして、部下を持つすべての人たちである。また、紹介した話は、会話文らしくなるようアレンジはしているが、すべて実話である。

本書に登場するすべてのほんものの上司に、それからノーム・ストアー、スティーヴ・ブラウン、ボブ・ネルソン、スティーヴ・パッチェン、ジム・フィッケス、リチャード・グディング、ロジャー・アクスフォード、わがドーテン家のたくさんの人たち――ジェリ、サンディ、ヒラリー、トレヴァー、2人のジョエルに、ありがとうと言いたい。そしてエージェントのマーグリット・マクブライドと彼女のチーム、編集者のヘンリー・フェリス、ウィリアム・モロウのみなさんにも、心から感謝申し上げる。

ツール I

ほんものの上司になるための
スタートガイド

1　「トップレベルになりたいか」と問う

本書で紹介したストーリーの中で私が気に入っているのは、世界一と評されるようになった砲兵大隊のストーリーだ（70ページ）。変化が起きたのは、隊長が、トップレベルとは何かについての基準リストをつくったときである。そのリストによって、隊長は部下たちに告げることができた。「これが、トップレベルになるのに必要なものだ。トップレベルになりたいか」と。

基準リストをつくろう。そうすれば、部下の意識が変わる。根性論に終始するのではなく、精鋭チームになることについて話を始めよう。

2　メンバーの能力の棚卸しをする

「優れた部下は、職ではなく、ずば抜けた能力を持っている」。部下一人ひとりの能力を確認しよう。優れたチームになるために必要なものだけでなく、各自が別格の存在になるのに欠かせないものについても明らかにする必要が、上司にはある。得点を記録せずして、勝つことはできないのだ。

3　試しにやってみる

得意なことを伸ばせと部下を促すときには、試しにやってみることを強く勧めよう。スタッフミーティングを開き、試したことについて一人ずつ報告してもらうこと。まず、拍手をしよう。楽しめる場にすることも忘れないように。

4　静かに去るよう並の人を促す

トップレベルであることを当たり前にしよう。ただ、部下のだれもが、パフォーマンスの高いチームに所属したいと思うわけでも所属できるわけでもないことを肝に銘じておくこと。あっと驚くチャンスとプランを、全員に与えよう。

だが、おそらく、一部の愛想はいいが平均レベルに甘んじている並の人に去ってもらわなければならないだろう。その場合には、いきなり解雇するのではなく、あなたが設定している高い基準を明確に伝えること（その基準には報酬をセットにすること）。すると二流の部下は、もっと自分を歓迎してくれる職場へ移ろうと思うだろう。彼らの転職に力を貸そう。

（ためらってしまう場合は——たぶん、ためらうだろう——、次のように考えるといい。チームにいる最もダメな人の代わりに、これまでで最高の部下と同じくらい潜在能力の高い人に新たに入ってもらったら、どんな未来が拓《ひら》けそうか。達成できることがどれくらい増えそうか。）

5　何はさておき、優秀な人材のパイプラインを満たしておく

並の上司と優れた上司の違いの中で特に目を引くのは、採用にかける時間だ。ほんものの上司は腕利きのスカウトなのである。ほんものの上司を目指すなら、優秀な人材のパイプラインを構築する必要がある。

まず、採用したい人材をリストアップしよう。その人たちと連絡を絶やさないこと。そして、あなたの元で仕事をすることに関心を持ち続けてもらう工夫をすること。本書に登場するマネジャーが述べたとおり、「コーヒーをドリップするように、少しずつ自分の存在をアピール」しよう。

6 決して、平均レベルにならない

目指すは、単なる数字の達成ではなく、ストーリーを描くことだ。素晴らしいストーリーを描こう。「ほんものになるのに必要なもの」のリストには、すでに取り組んだ。だが、あなたにはまだ、得意にならなければならないものがある。あなたとあなたのチームがどのように特別であるかを、他者に伝えられなければならないのである。

「私たちのチームは、○○○○であるために、ほかのチームと違う」。空欄に入れるべきは、「真剣に取り組んでいる」のような、だれでも言える、ありがちなつまらない言葉ではない。それは、重要で関心を掻《か》き立てられる言葉でなければならないのだ。

そのような言葉を入れよう。そうすれば、あなたのチームはほかと違っていることに誇りを持つようになる。すると、優れた人材のほうからあなたを探し、あなたは優れた人材を次から次へと獲得できるようになるのだ。

ツール II

マネジャーのための
ディスカッションガイド

1 これから紹介する方法を使えば、マネジャーたちをほんものの上司ならではの会話へ導くことができる。まず、次のように言おう。「少し時間をとって、職務を問わず、いままでで最高の部下のことを思い描いてほしい」

次いで、その最高の部下について、どんなところがその部下をそれほどまでに特別にしたのかについて、マネジャー一人ひとりに述べてもらおう。「忠誠心のある」や「仕事熱心な」などのだれもが持つような性質はさておき、その部下ならではの特徴に目を向けてもらうことが肝要だ。過去「最高の」部下の姿が生き生きと目に浮かぶまで、話をしてもらおう。優れた部下についての記憶を話すことが刺激になり、未来の採用にポジティブな影響がもたらされるのだ。

続いて、最高の部下を持ったことがあるマネジャーたちに尋ねよう。「どうやってその部下を見つけたのか」と。

優れた人材とその見つけ方の具体例が明らかになったら、採用についてどんな学びがあるかについてディスカッションを始めよう。

2

優秀な人材が求人市場にいることはめったにないというマックスの一連の主張を思い出してほしい。有意義なディスカッションのために、次のような挑発的な提案をすることを検討しよう。

「求人情報の掲載をやめたほうがいいのではないか」

「あらゆる採用決定に関して、我々はこう自問すべきではないか。『新入社員になるかもしれないこの人に、英雄的社員になるポテンシャルがあるか』と」

続けて、次のように問いかけよう。

「優秀な人材はどこで、そしてどのような方法で見つけることができるか」

「見つけたら、次はどうすれば『口説く』ことができるか」

3

「ほんものの上司は、人材を採用するのではなく、同志を得る」と、マックスは述べている。「同志」という表現によって、自分のチームに対するあなたの見方はどのように変わるか。

「同志」ではなく「家族」を使った場合と比べてみよう。

この表現によって、別のチーム（あなたの上司が管理するチームなど）に対するあなたの見方は、どのように変わるか。

4

「ほんものの上司と部下はどちらも同じもの、つまり『管理と凡庸さと愚か者からの解放』を求めている」とマックスは明言している。言い換えるなら、両者とも、いい仕事を自由にしたいと思っているということだ。

無益な管理業務から解放されるには、どうすればいいか。放り出せるのは、どんなことか。

「凡庸さと愚か者」に関しては、学校の教師がしばしばこんな不平を漏らしている。成績のよくない、あるいはトラブルメーカーの生徒にあまりに時間を取られてしまい、優秀な生徒のことがおろそかになってしまっている、と。困った部下がいる場合、同様のことが起きていないだろうか。

「最高の人材のための最高の職場」になるために、どんなことを始められるか。

5

優れた上司に関しては驚かされることが多いが、その一つとして、部下がかなりの率で離職していることがある。というのも、優れた上司が採用する部下は、高い能力を持つがゆえに引き抜かれ、逆に凡庸な部下に対しては、優れた上司が巧みに辞めさせるからである。「理想的な離職」についてディスカッションをしよう。「『成長かクビか』のやり方で、我々はうまく結果を出せるだろうか」と問うこと。

チームを去ったハイレベルな部下、つまり、その離職を残念に思う部下のことをどう考えるか。彼らは「裏切った」のか、それとも「卒業した」のか。かつての部下の中に、「有能な人材同士の生涯にわたる同盟」につなぎとめる努力をすべき人がいないか。

ほんものの上司たちと最高の職場をつくるための会議

前節の「ほんものの上司になるためのスタートガイド」にある項目を、すべてのマネジャーに活用してもらおう。会議開催を計画し、最初の取り組み――「トップレベルになりたいか」と問う――について話し合おう。抜群のチーム（部署）づくりに必要なものについての各マネジャーの考えに、特に重点を置くこと。

その後も月に1〜2回、ディスカッションを続けよう。ディスカッションのスケジュールを半年あるいは1年先まで予定表に記載するのは、変化を確実に起こすつもりであるというあなたのメッセージをはっきり伝えることになる。

継続して行うミーティングでは、実際に起きている変化――単なる計画ではなく、現実の進歩――について、マネジャー一人ひとりに発表してもらおう。特に欠かせないのは、いままさに試していること、部下の変化や退職、人材のパイプラインについての発表だ。各チームについて、どんなところが変わったのかを発表してもらおう。つまるところ、「変わったからといってよりよくなっているとは限らない。だが、よりよいものは必ず、ほかと違う独自の輝きを放っている」のである。

［著者］

デイル・ドーテン　Dale Dauten

スタンフォード大学経営大学院在学中及び米国国立科学財団フェローとしてアリゾナ州立大学に関わる中で、成功者とイノベーションについて研究を重ねる。The Innovators' Lab を創設し、ジョージア＝パシフィック社、ジェネラル・ダイナミクス社、キャタピラー社、NASA など多くのリーディングカンパニーにコンサルティングを行っている。コラムを執筆しており、全米の 100 紙を超える新聞にキング・フィーチャーズ社によって配給されること、すでに 20 年以上。妻サンディとともに、アリゾナ州テンペに在住。

［翻訳］

野津 智子　Tomoko Nozu

翻訳家。主な訳書は『恐れのない組織』『チームが機能するとはどういうことか』『ロバート・キーガンの成人発達理論』『謙虚なリーダーシップ』『シンクロニシティ［増補改訂版］』（以上、英治出版）、『死ぬ気で自分を愛しなさい』（河出書房新社）、『5つのツール』（早川書房）など。「著者の声を正しく、わかりやすく、誠実に、読者に届けたい」と常々思っている。

＊英治出版からのお知らせ＊
本書に関するご意見・ご感想を E-mail（editor@eijipress.co.jp）で受け付けています。
また、英治出版ではメールマガジン、Web メディア、SNS で新刊情報や書籍に関する記事、イベント情報などを配信しております。ぜひ一度、アクセスしてみてください。
メールマガジン：会員登録はホームページにて
Web メディア「英治出版オンライン」：eijionline.com
X / Facebook / Instagram：eijipress

職場は楽しいかね？

発行日	2025 年 5 月 9 日　第 1 版　第 1 刷
著者	デイル・ドーテン
訳者	野津智子（のづ・ともこ）
発行人	高野達成
発行	英治出版株式会社
	〒 150-0022 東京都渋谷区恵比寿南 1-9-12 ピトレスクビル 4F
	電話　03-5773-0193　　FAX　03-5773-0194
	www.eijipress.co.jp
プロデューサー	齋藤さくら
スタッフ	原田英治　藤竹賢一郎　山下智也　鈴木美穂
	下田理　田中三枝　平野貴裕　上村悠也　桑江リリー
	石﨑優木　渡邉吏佐子　中西さおり　荒金真美
	廣畑達也　佐々智佳子　太田英里　清水希来々
装丁	HOLON
装画・挿絵	宮岡瑞樹
校正	小林伸子
印刷・製本	中央精版印刷株式会社

ISBN978-4-86276-352-5　C0030　Printed in Japan

シリーズ第１作も同時復刊！

仕事は楽しいかね？

デイル・ドーテン 著、野津智子 訳

深夜の空港、吹雪で足止めされた主人公は、
謎めいた老人マックスと出会う。
ある問いかけから始まった、一晩限りの講義。

「仕事は楽しいかね？」
退屈な毎日を過ごしていた主人公に、
マックスは朗らかに語りかける。

目標に縛られず、試し続けた先に、
想像を超えた未来が待っている。
行き詰まりを感じたときにこそ、手に取りたい一冊。

第1章
仕事は楽しいかね？
英治出版オンラインにて
無料公開中！